R. Castel, L. Chauvel, D. Merllié
É. Neveu, T. Piketty

Les mutations de la société française

Les grandes questions
économiques et sociales
II

La Découverte
9 *bis*, rue Abel-Hovelacque
75013 Paris

Les textes de cet ouvrage ont été précédemment publiés dans le *Nouveau Manuel de sciences économiques et sociales*, La Découverte, Paris, 2003. Ils ont été revus et actualisés à l'occasion de la présente édition.

Les auteurs

Robert Castel	est directeur d'études à l'EHESS.
Louis Chauvel	est sociologue, professeur des Universités à l'IEP de Paris, chercheur à l'Observatoire sociologique du changement et à l'OFCE, et membre de l'Institut universitaire de France.
Dominique Merllié	est professeur émérite à l'université Paris-VIII.
Érik Neveu	est professeur de science politique et directeur de l'IEP de Rennes.
Thomas Piketty	est directeur d'études à l'EHESS et directeur de l'École d'économie de Paris (PSE).

Si vous désirez être tenu régulièrement informé des parutions de la collection « Repères », il vous suffit de vous abonner gratuitement à notre lettre d'information mensuelle par courriel, à partir de notre site **http://www.collectionreperes.com**, où vous retrouverez l'ensemble de notre catalogue. Vous pouvez, à défaut, envoyer vos nom et adresse aux Éditions La Découverte (9 *bis*, rue Abel-Hovelacque, 75013 Paris), pour demander à recevoir gratuitement par la poste notre bulletin trimestriel ***À La Découverte***.

ISBN : 978-2-7071-5244-2

Introduction

Une distinction classique en sociologie conduit à opposer les sociétés dans lesquelles le statut social est attribué (*ascribed*) en fonction de la naissance, donc hérité, des sociétés dans lesquelles tous les statuts sociaux sont, en droit, ouverts à la compétition entre les individus, chacun pouvant réussir (*achieve*) en fonction de son talent, de ses efforts, de ses compétences... Mais il y a souvent loin du droit au fait. Une façon de mesurer l'écart entre l'idéal de nos sociétés et leur réalité consiste à étudier la mobilité sociale. Comme le montre Dominique Merllié (chapitre I), la position sociale continue à beaucoup dépendre de l'origine sociale. Certes, la fluidité sociale n'est pas nulle, mais les flux bruts de mobilité s'expliquent principalement par les transformations de la structure sociale. Au cours des périodes de forte croissance économique, lorsque la proportion d'emplois qualifiés, de cadres, de professions intermédiaires augmente, il en résulte un appel d'air favorable à la mobilité ascendante. Si la conjoncture se retourne, si l'ouverture à la concurrence internationale et les nouvelles formes du progrès technique bouleversent les conditions d'insertion sur le marché du travail et la structure des qualifications, la configuration antérieure peut s'en trouver déstabilisée : les trajectoires individuelles deviennent plus incertaines, les espoirs de réussite sociale s'estompent. On comprend ainsi tout l'intérêt d'une analyse dynamique de la stratification sociale telle que la mène ici Louis Chauvel (chapitre II). Elle met en évidence les inégalités de destin entre générations et apporte un nouvel éclairage à des questions plus anciennes telles que la pertinence d'une analyse en termes de classes sociales ou la crise des classes moyennes.

Dans ce contexte de mondialisation et d'intensification de la concurrence, la tendance spontanée est à l'aggravation des inégalités, avant toute intervention redistributrice de l'État. Pour en juger, il faut se placer dans une perspective historique longue, mais cela pose des problèmes statistiques et méthodologiques difficiles. C'est pourquoi les études qui parviennent à les surmonter sont précieuses, en particulier celles que mène Thomas Piketty (chapitre III). Elles font apparaître des faits stylisés significatifs : la stabilité des parts relatives des revenus du capital et du travail au cours du XXe siècle, l'euthanasie des rentiers au cours des crises des années 1914-1945, le frein fiscal à l'accumulation de patrimoine, l'impact des fluctuations de la part du revenu perçu par le centile le plus riche.

On pourrait attendre de l'augmentation des inégalités qu'elle attise les conflits sociaux. Mais l'intérêt objectif à agir contre ce qui est perçu comme une injustice ne suffit généralement pas à susciter un mouvement social. Comme l'explique clairement Érik Neveu (chapitre IV), les déterminants de l'action collective sont nombreux et leur agencement est complexe. Au cours du temps, les formes des conflits sociaux, eux-mêmes plus ou moins institutionnalisés, changent. Émergent de nouveaux enjeux, de nouveaux acteurs, ce que l'on appelle de « nouveaux mouvements sociaux ». Ces transformations sont bien sûr à mettre en relation avec l'évolution de nos sociétés, de leurs valeurs, de leurs clivages, et de phénomènes tels que l'instrumentalisation des médias. Plus profondément, elles posent la question du fonctionnement de la démocratie, représentative ou « participative ».

Or la démocratie exige des citoyens, c'est-à-dire des personnes appartenant au même espace politique, acceptant de vivre ensemble, ce qui implique un minimum de cohésion sociale. Dans la société salariale analysée par Robert Castel (chapitre V), l'intégration résultait de l'insertion dans la division du travail. Le chômage de masse, la montée de la précarité, la « déstabilisation des stables » sont des facteurs de la crise de ce modèle d'intégration. Certains en déduisent la nécessité de ne plus fonder le lien social exclusivement sur le travail. D'autres considèrent qu'il n'existe pas à court terme d'alternative viable à la société salariale. De fait, les politiques publiques sont orientées par le type de réponse donnée à cette interrogation.

Pascal Cambemale

I / La mobilité sociale

*Dominique Merllié**

Toutes les sociétés sont composées de groupes sociaux différenciés et plus ou moins *hiérarchisés* ; autrement dit, les *statuts sociaux* y sont divers et inégalement valorisés. Comment ces statuts sont-ils attribués ? Par quels processus les individus sont-ils répartis dans les différentes classes ou strates ou acquièrent-ils différents types de statuts sociaux ?

À la suite de Pitirim Sorokin (1889-1968), sociologue américain d'origine russe (émigré aux États-Unis quelques années après la révolution de 1917), les sociologues regroupent l'étude de ces questions sous l'étiquette de « mobilité sociale ». On peut opposer en effet les sociétés où les statuts sociaux sont affectés de manière prédéterminée, rigide et définitive, dont les groupes sociaux se rapprochent des castes (voir encadré 1), à celles où les conditions d'accès aux statuts permettent des changements et des cas plus ou moins fréquents de déplacement dans la structure sociale, ou de mobilité sociale (voir encadré 2). Dans le premier cas, on parlera de statuts sociaux « assignés », que les individus reçoivent de l'extérieur sans pouvoir les modifier, dans le second, de statuts « acquis », sur lesquels ils ont une certaine prise ou qui peuvent être l'objet d'une compétition ouverte, ce qui permet de changer de statut ou de ne pas être enfermé dans celui que peut définir la « naissance » dans un milieu social.

L'étude de cet aspect du fonctionnement des sociétés est d'un grand intérêt sociologique puisqu'elle met en jeu la question de l'articulation des individus et des structures sociales, qui est un

---

* Dominique Merllié est professeur émérite à l'université Paris-VIII.

Encadré 1. Castes et ordres

Le clergé, la noblesse et le tiers-état structuraient en trois *ordres*, ou *états*, la France de l'Ancien Régime : les groupes sociaux (par ailleurs très hétérogènes) ainsi constitués avaient une reconnaissance politique et légale, impliquant droits et devoirs différents. On y appartenait en principe par la naissance, sauf pour le clergé qui recrutait ses membres dans les deux autres ordres par des procédures qu'il contrôlait.

Les castes, caractéristiques de la société indienne traditionnelle et de certaines sociétés africaines, constituent de même des groupes sociaux héréditaires et fermés, à l'intérieur desquels se déroule toute l'existence (et notamment les mariages) et dont les rapports sont réglementés. Reposant sur l'hérédité du statut social, les sociétés à castes font donc peser un interdit, à fondement religieux, sur la mobilité sociale. L'histoire de la société indienne montre cependant que le système des castes lui-même évolue et se diversifie, de sorte que la place relative des différentes castes n'est pas totalement figée, ce qui implique une certaine forme de mobilité. Par extension, et par analogie, certains appellent castes des classes ou des groupes sociaux fermés, d'accès très difficiles à ceux qui n'y sont pas nés, comme des groupes liés à l'origine ethnique ou religieuse dans certaines sociétés.

des points de différenciation entre les principales théories sociologiques. Elle renvoie aussi à une expérience sociale commune et comporte une portée idéologique ou politique.

S'élever, décliner ou se maintenir dans la structure sociale, au cours de sa vie ou par rapport aux repères que fournissent d'autres membres de la famille ou les condisciples de l'école, est une expérience sociale à laquelle chacun peut être attentif, pour lui-même comme pour apprécier les destins sociaux des autres. La *réussite sociale*, ses degrés et les différentes formes qu'elle peut prendre (par exemple, plus ou moins honnête ou méritante) font l'objet d'évaluations sociales spontanées et les *success stories* remplissent les contes populaires comme les magazines spécialisés, permettant au moins de rêver. Ainsi, dans la perception et l'évaluation sociale d'autrui et de soi-même, le statut n'est pas appréhendé seulement de manière statique, mais aussi du point de vue d'une évolution, ou d'une trajectoire sociale. La même situation sociale peut paraître bonne ou mauvaise, enviable ou indésirable, selon qu'elle correspond à un progrès ou à une régression, ou qu'elle semble porteuse d'une évolution ultérieure. Le jugement social spontané n'est d'ailleurs pas toujours favorable à la mobilité sociale ascendante, il est prompt à se moquer des *parvenus* aux prétentions culturelles déplacées (situation du « bourgeois gentilhomme »), ou à faire porter le soupçon sur les causes des réussites les plus brillantes.

La mobilité sociale est aussi un enjeu politique : dans les sociétés où l'organisation politique se réfère à des principes démocratiques et l'organisation économique au libéralisme, il semble logique qu'à l'égalité des citoyens et à la liberté d'entreprendre corresponde dans le domaine social, sinon l'égalité des situations sociales, du moins l'égalité des conditions d'accès aux différentes situations. L'analyse de la mobilité sociale renvoie au principe de l'« égalité des chances », et les sociétés démocratiques et libérales peuvent chercher à évaluer la réalité ou l'efficacité de leurs principes de fonctionnement à l'importance des flux de mobilité sociale qu'elles permettent.

Les enquêtes et leurs résultats

La mobilité intergénérationnelle des hommes

Les enquêtes de mobilité sociale, dont la formule s'est fixée et généralisée dans les pays occidentaux après la Seconde Guerre mondiale [1], portent classiquement sur la mobilité entre générations des hommes, étudiée à partir de la profession : elles appliquent des catégories sociales fondées sur le critère de la profession (comme les catégories socioprofessionnelles en France) à un échantillon représentatif d'hommes et à leur père, et permettent de construire des tableaux croisés dits tableaux (ou tables) de mobilité. Une entrée du tableau (habituellement en ligne) correspond à l'origine (le classement social du père d'après sa profession), l'autre (en colonne) à la destinée (la position sociale de l'enquêté, d'après sa propre profession). On peut étudier de même la mobilité en cours de carrière en croisant la position sociale de l'individu à une date antérieure et au moment de l'enquête.

Pour étudier la mobilité entre les générations, il faut tenir compte de l'existence de cette mobilité en cours de carrière : la signification du résultat n'est pas la même pour des enquêtés jeunes, dont on croise la situation en début de carrière professionnelle avec celle de leur père lui-même en fin de carrière, ou pour des sujets plus âgés. C'est pourquoi, dans les enquêtes de l'Insee (Institut national de la statistique et des études économiques) (où la profession du père est indiquée au moment de la

1. Dominique Merllié, *Les Enquêtes de mobilité sociale*, PUF, Paris, 1994.

Encadré 2. Différents types de mobilité

La question de la stabilité ou du déplacement des individus dans la structure sociale peut être examinée de différents points de vue. La mobilité sociale, qui n'implique pas de déplacement physique, se distingue de la mobilité géographique, qui ne donne pas nécessairement lieu à un changement de niveau social, même si les migrations géographiques, internes ou externes à un même pays, sont très souvent liées à la mobilité sociale. Changer d'emploi ou simplement trouver un emploi peut conduire à quitter la campagne (exode rural) ou son pays (émigration).

La mobilité proprement sociale, qui implique un changement de statut social, se distingue aussi de la mobilité seulement professionnelle, qui peut consister à changer d'entreprise ou de type de travail sans impliquer nécessairement une modification de niveau social, même si changer de profession est un des moyens de passer à un autre statut social.

La mobilité individuelle, qui est celle d'individus quittant une catégorie sociale pour une autre, se différencie de la mobilité collective, qui implique des groupes ou des catégories sociales dans leur ensemble dont le statut se modifie (comme dans le cas du remaniement d'un système de castes évoqué dans l'encadré 1).

La mobilité sociale peut être étudiée également de différents points de vue selon qu'on ne considère que la carrière d'un individu, qui peut changer ou non de statut au cours de son existence d'adulte, ou que l'on réfère les individus à leur origine familiale, en comparant leur statut à celui de membres des générations antérieures, comme leur père ou leur grand-père. On parle alors de mobilité intragénérationnelle (ou en cours de carrière) et intergénérationnelle (ou entre les générations). Dans les publications de l'Insee, la première est désignée comme mobilité professionnelle, la seconde comme mobilité sociale.

Le statut social comportant différents aspects ou composantes, la mobilité sociale peut relever de registres différents : mobilité religieuse, par exemple, en cas de conversion (qui peut avoir une signification sociale forte dans les sociétés où la confession religieuse est liée au statut social), mobilité politique pour le passage de statuts sociaux politiquement différenciés (par exemple, électeurs ou non), mobilité économique (pour les cas d'enrichissement ou d'appauvrissement), mobilité professionnelle, etc.

Certains éléments importants du statut social impliquent des formes systématiques ou réglées de mobilité (c'est le cas de l'âge), d'autres sont très généralement fixés de manière définitive (c'est le cas du sexe).

fin de la scolarité de l'enquêté), les tableaux sur la mobilité sociale entre les générations sont généralement établis pour les enquêtés ayant 40 ans et plus (âge au-delà duquel les changements de situation professionnelle deviennent plus rares). Cette précaution méthodologique peut paraître encore plus justifiée à une époque où l'accès à un emploi stabilisé et l'installation dans la vie se produisent de plus en plus tardivement. En France, après une enquête réalisée par l'Ined (Institut national des études démographiques) en 1948 [2], des enquêtes comportant ces informations ont été faites périodiquement par l'Insee depuis 1953. La dernière enquête fait apparaître les principaux résultats présentés dans les tableaux 1 et 2.

La stabilité sociale (immobilité ou « hérédité » sociale : même catégorie d'origine et de destinée, position sur la diagonale du tableau) est généralement importante, bien que variable selon les catégories et les époques. Des flux de mobilité non négligeables apparaissent cependant, qui ne se distribuent pas n'importe où dans les cases du tableau. Les cas de mobilité ascendante sont plus nombreux que ceux de mobilité descendante. Les cas de mobilité modérée, entre des catégories relativement proches par leur niveau social, sont plus importants que ceux qui associent des catégories socialement très différentes : les « trajets » de mobilité sont plutôt courts que longs. Enfin, les situations de mobilité peuvent s'expliquer largement par les changements de la structure sociale (part des différentes catégories dans la population) entre les générations, qui se traduisent par les différences entre les deux marges (structures des origines et des destinées) du tableau.

Ainsi, dans un contexte de déclin de l'emploi agricole et de croissance des emplois ouvriers, par exemple, nombreux sont les enfants d'agriculteurs qui deviennent ouvriers, tandis que les agriculteurs sont très rarement recrutés en dehors de leur milieu. À l'inverse, avec la croissance forte des emplois classés comme cadres, leurs titulaires ont souvent leurs origines dans d'autres catégories. Plus généralement, on retrouve dans l'analyse des destins sociaux que permettent les tableaux de mobilité sociale les marques des grands changements de la société française dans les dernières décennies : exode rural et urbanisation, salarisation, industrialisation puis tertiarisation de l'emploi. C'est en ce sens que la mobilité peut être qualifiée de *structurelle* : elle est portée par les changements d'ensemble ou de structure de la société. Outre l'évolution de la structure des emplois, les différences de fécondité selon les groupes sociaux d'une part et les mouvements migratoires d'autre part sont les principales causes « structurelles » de la mobilité.

Ces causes structurelles ne suffisent cependant pas à rendre compte de tous les flux observés et les sociologues ou les statisticiens cherchent parfois à évaluer une mobilité *nette*, à calculer comme différence entre la mobilité totale ou *brute* et la

2. Marcel Brésard, « Mobilité sociale et taille de la famille », *Population*, vol. V, n° 3, 1950, p. 533-566.

Tableau 1. **Origines et destinées des hommes de 40 ans et plus (groupe socioprofessionnel du père et groupe socioprofessionnel de l'enquêté)**

Origine \ Destinée		3. Cadre et prof. int. sup.	4. Profession intermédiaire	2. Artisan, comm., chef d'entr.	5. Employé	6. Ouvrier	1. Agriculteur	Ensemble
3. Cadre et prof. intell.		**308**	**139**	**37**	**40**	**44**	**(2)**	**572**
supérieure	% →	53,9	24,4	6,5	7,0	7,8	(0,4)	100
	% ↓	23,2	8,5	6,8	5,3	2,1	(0,8)	8,6
4. Profession		**269**	**266**	**54**	**80**	**126**	**(3)**	**799**
intermédiaire		33,7	33,3	6,8	10,0	15,8	(0,4)	100
		20,2	16,1	9,9	10,6	6,0	(1,0)	12,0
2. Artisan,		**194**	**196**	**183**	**67**	**163**	**(5)**	**809**
commerçant,		24,0	24,3	22,6	8,3	20,2	(0,7)	100
chef d'entreprise		14,6	11,9	33,1	8,8	7,8	(1,8)	12,1
5. Employé		**161**	**214**	**40**	**121**	**189**	**(3)**	**728**
		22,1	29,4	5,6	16,6	26,0	(0,4)	100
		12,1	13,0	7,4	16,0	9,0	(0,9)	10,9
6. Ouvrier		**303**	**658**	**180**	**370**	**1 271**	**19**	**2 800**
		10,8	23,5	6,4	13,2	45,4	0,7	100
		22,8	39,9	32,6	49,0	60,7	6,4	41,9
1. Agriculteur		**95**	**175**	**56**	**78**	**299**	**268**	**971**
		9,8	18,0	5,8	8,0	30,8	27,6	100
		7,1	10,6	10,2	10,3	14,3	89,1	14,5
Ensemble		**1 331**	**1 648**	**551**	**755**	**2 093**	**301**	**6 679**
		19,9	24,7	8,3	11,3	31,3	4,5	100
		100	100	100	100	100	100	100

Champ : hommes français à la naissance, actifs occupés ou anciens actifs en 2003, âgés de 40 à 59 ans. Voir notes p. 13.

Tableau 1 *bis*. **Origines et destinées des hommes de moins de 40 ans (groupe socioprofessionnel du père et groupe socioprofessionnel de l'enquêté)**

Origine \ Destinée		3. Cadre et prof. int. sup.	4. Profession intermédiaire	2. Artisan, comm., chef d'entr.	5. Employé	6. Ouvrier	1. Agriculteur	Ensemble
3. Cadre et prof. intell. supérieure		**279**	**175**	**22**	**106**	**73**	–	**655**
	% →	42,6	26,8	3,4	16,1	11,2		100
	% ↓	31,0	11,6	10,2	11,2	3,1		10,8
4. Profession intermédiaire		**254**	**372**	**30**	**164**	**300**	**(5)**	**1 127**
		22,6	33,0	2,7	14,6	26,7	(0,5)	100
		28,3	24,6	14,0	17,5	12,8	(3,8)	18,6
2. Artisan, commerçant, chef d'entreprise		**126**	**190**	**59**	**106**	**228**	**(7)**	**716**
		17,6	26,5	8,3	14,8	31,9	(0,9)	100
		14,0	12,6	27,5	11,3	9,7	(4,8)	11,8
5. Employé		**79**	**184**	**23**	**183**	**244**	**(3)**	**716**
		11,1	25,7	3,2	25,5	34,1	(0,4)	100
		8,8	12,2	10,6	19,4	10,4	(1,8)	11,8
6. Ouvrier		**130**	**506**	**61**	**363**	**1 349**	**8**	**2 415**
		5,4	20,9	2,5	15,0	55,8	0,3	100
		14,4	33,4	28,5	38,5	47,5	5,4	39,9
1. Agriculteur		**31**	**85**	**20**	**20**	**149**	**119**	**424**
		7,3	20,1	4,6	4,7	35,1	28,1	100
		3,4	5,6	9,2	2,1	6,3	84,3	7,0
Ensemble		**899**	**1 513**	**215**	**941**	**2 343**	**141**	**6 053**
		14,9	25,0	3,6	15,5	38,7	2,3	100
		100	100	100	100	100	100	100

Champ : hommes français à la naissance, actifs occupés ou anciens actifs en 2003, âgés de 25 à 39 ans. Voir notes p. 13.

Tableau 2. **Origines et destinées des femmes de 40 ans et plus (groupe socioprofessionnel du père et groupe socioprofessionnel de l'enquêtée)**

Origine \ Destinée		3. Cadre et prof. int. sup.	4. Profession intermédiaire	2. Artisane, comm., chef d'entr.	5. Employée	6. Ouvrière	1. Agricultrice	Ensemble
3. Cadre et prof. intell.		**170**	**190**	**16**	**136**	**12**	**(2)**	**527**
supérieure	% →	32,4	36,2	3,0	25,9	2,2	(0,4)	100
	% ↓	24,7	12,2	6,1	4,2	1,3	(1,3)	7,8
4. Profession		**140**	**293**	**27**	**377**	**60**	**(4)**	**901**
intermédiaire		15,5	32,5	3,0	41,8	6,7	(0,5)	100
		20,2	18,8	10,4	11,7	6,9	(2,7)	13,3
2. Artisan,		**123**	**219**	**57**	**363**	**58**	**(10)**	**829**
commerçant,		14,8	26,4	6,9	43,8	7,0	(1,2)	100
chef d'entreprise		17,8	14,0	22,0	11,2	6,7	(6,0)	12,3
5. Employé		**71**	**214**	**28**	**412**	**77**	**(6)**	**808**
		8,8	26,4	3,5	51,0	9,5	(0,7)	100
		10,3	13,7	10,9	12,8	8,9	(3,5)	11,9
6. Ouvrier		**130**	**462**	**102**	**1 536**	**552**	**38**	**2 820**
		4,6	16,4	3,6	54,5	19,6	1,4	100
		18,9	29,7	39,4	47,6	63,9	23,2	41,7
1. Agriculteur		**55**	**179**	**29**	**404**	**105**	**104**	**877**
		6,3	20,4	3,3	46,0	12,0	11,9	100
		8,0	11,5	11,1	12,5	12,2	63,3	13,0
Ensemble		**689**	**1 556**	**259**	**3 229**	**863**	**165**	**6 761**
		10,2	23,0	3,8	47,8	12,8	2,4	100
		100	100	100	100	100	100	100

Champ : femmes françaises à la naissance, actives occupées ou anciennes actives en 2003, âgées de 40 à 59 ans. Voir notes p. 13.

Notes :

1) Les chiffres entre parenthèses correspondent aux cases comportant des effectifs très réduits (inférieurs à 10) dans l'enquête.
2) Les groupes socioprofessionnels sont disposés dans un ordre qui vise à respecter leur position dans les flux de mobilité sociale et les proximités que dessinent ces échanges. Ainsi, à une extrémité, le groupe des cadres est surtout « importateur », tandis qu'à l'autre celui des agriculteurs est surtout « exportateur » (et d'abord chez les ouvriers, etc.).
3) *Lecture* : le premier chiffre de chaque case donne l'effectif extrapolé en milliers, le second (% en ligne) donne les destinées (tableau 1 : 54 % des fils de cadres sont cadres) et le troisième (% en colonne) les recrutements (tableau 1 : 23 % des cadres sont fils de cadres).

Dans le tableau 1 *bis* (hommes nés à partir de 1964, qui ont atteint 25 ans à partir de 1989), on observe des effets mêlés d'âge et de génération. Effet d'âge : il s'agit de jeunes qui ne sont pas encore à un point de leur carrière professionnelle comparable à celui des pères auxquels on les rapporte, et dont la position sociale peut encore changer ultérieurement. Effet de génération : il s'agit de jeunes dont l'insertion professionnelle s'est déroulée dans des conditions dégradées par rapport à celle des générations précédentes, et qui connaîtront sans doute davantage de mobilité descendante (Louis Chauvel, *Le Destin des générations*, PUF, Paris, 1998 (2e éd. 2002)).

Source : Insee, enquête FQP 2003.

Encadré 3. Les enquêtes sur la mobilité sociale en France

La série des enquêtes « Formation, qualification professionnelle » (FQP), réalisées, depuis 1964, deux à trois ans après chaque recensement de la population, constitue la source statistique la plus riche pour étudier la mobilité sociale en France, du fait de l'importance et de la précision des questions qu'elles comportent sur les situations professionnelles des enquêtés (à plusieurs dates) et celles de plusieurs de leurs ascendants (au moins pères et mères, parfois grands-parents). L'enquête FQP disponible la plus récente, utilisée ici, a été réalisée en 2003. Ces enquêtes ont aussi l'avantage de former une série longue assez homogène pour permettre des comparaisons dans le temps. Une enquête antérieure de l'Insee, réalisée en 1953, permet d'embrasser une période encore plus importante [a].

D'autres sources statistiques récurrentes sont parfois utilisées : principalement les enquêtes sur l'emploi d'une part, plus fréquentes et portant sur des échantillons plus importants, du fait qu'elles comportent une question sur la profession du père, l'échantillon démographique permanent (EDP) d'autre part, qui consiste à suivre un échantillon d'individus de recensement en recensement.

a. Louis-André Vallet, « Quarante années de mobilité sociale en France », *Revue française de sociologie*, vol. XL, n° 1, 1999, p. 3-64 ; voir aussi Louis Chauvel, 1998, *op. cit.*

« mobilité structurelle », évaluée par les différences d'effectifs des catégories des marges du tableau (ensemble des origines et des destinées) [3]. La distinction entre ces deux quantités de mobilité conçues comme s'additionnant reste cependant impossible à formaliser de manière satisfaisante. C'est pourquoi les spécialistes du domaine lui ont substitué la distinction entre « mobilité absolue » ou « observée » et « mobilité relative » ou « fluidité », la seconde désignant non une partie des flux de mobilité mais une mesure de l'ouverture sociale traduite par les flux de mobilité indépendamment de la forme particulière que prennent ceux-ci (ou des marges du tableau). Un progrès de la « fluidité » signifie que la « force » du lien statistique entre origines et destinées tend à s'affaiblir, ou que l'on tend à se rapprocher d'une situation où les destinées seraient indépendantes des origines, les inégalités sociales d'accès aux différentes positions sociales se réduisant globalement. Ce sont les variations de cette « fluidité sociale » que les comparaisons (dans le temps ou entre pays) cherchent à identifier (voir encadré 4).

3. Stéphanie Dupays, « En un quart de siècle, la mobilité sociale a peu évolué », *Données sociales*, 2006, p. 343-349.

La mobilité des femmes et le « choix du conjoint »

Beaucoup des enquêtes de mobilité sociale ne portent que sur les hommes [4]. La justification technique de cet état de fait renvoie au choix de la profession comme indicateur de position sociale. Dans les sociétés occidentales d'après guerre, les femmes sont souvent inactives, ou actives seulement à certaines périodes de leur vie, avec des interruptions lors du mariage ou de la naissance des enfants. De ce fait, il a paru préférable de les classer en fonction de la profession du chef de famille plutôt que de leur (éventuelle) profession personnelle.

Malgré la forte augmentation de l'activité professionnelle féminine, cette justification garde une certaine pertinence car la structure des emplois féminins est très différente de celle des hommes : rapporter la profession des femmes à celle de leur père donne ainsi des tableaux de mobilité qui ne peuvent avoir la même signification que ceux des hommes (voir tableau 2). Ils font nécessairement apparaître plus de mobilité « descendante », puisque le marché de l'emploi féminin est moins ouvert aux emplois supérieurs. Il s'agit, là encore, de différences structurelles, qui ne préjugent pas de la « fluidité ». Il serait alors logique de construire des tableaux croisant la profession des femmes avec celle de leur mère, mais celles-ci appartiennent aux générations de faible activité professionnelle [5].

Les auteurs des enquêtes de mobilité sociale ont ainsi souvent estimé que si la profession ou le choix de l'activité était le principal canal de mobilité sociale ouvert aux hommes, le mariage ou le choix du conjoint était celui qui s'ouvrait aux femmes. Ils ont donc étudié la mobilité féminine à travers la stabilité ou la variation des milieux sociaux du père et du mari des femmes mariées.

Les tableaux permettant d'analyser la position ou l'origine sociale des membres des couples sont ainsi analogues aux tableaux de mobilité. À l'immobilité correspond l'« homogamie », situation des couples où le classement des deux conjoints est le même ; à la mobilité correspond l'« hétérogamie », cas des autres couples [6]. Un tableau croisant la

4. Dominique Merllié, 1994, *op. cit.*

5. Dominique Merllié, « La mobilité sociale diffère-t-elle selon le sexe ? », *in* Thierry Blöss (dir.), *La Dialectique des rapports hommes-femmes*, PUF, Paris, 2001, p. 151-173.

6. Michel Bozon et François Héran, *La Formation du couple*, La Découverte, « Grands Repères/Classiques des sciences sociales », Paris, 2006.

Tableau 3. **Origines sociales des conjoints**

Groupe socioprofessionnel du père, du « mari »		**Groupe socioprofessionnel du beau-père**						
		3	**4**	**2**	**5**	**6**	**1**	**Ensemble hommes**
3. Cadre	% →	27,8	18	16,5	11,1	19,2	7,3	100
	% ↓	30,1	14,9	11,2	9,2	4	4,2	8,9
4. Profession intermédiaire		16,4	16,1	13,1	13,9	36	4,5	100
		21,8	16,4	11	14,2	9,3	3,2	10,9
2. Artisan, comm., chef d'entreprise		8,3	13,4	20,7	11,8	33,1	12,3	100
		14,6	17,4	22,2	15,4	11	11	13,9
5. Employé		7,3	14,9	16	14,7	38,9	8,1	100
		9,7	15	13,3	14,9	10	5,7	10,8
6. Ouvrier		4,4	8,3	9,4	10	57,1	10,7	100
		20,7	29,6	27,7	36,1	52,2	26,6	38,4
1. Agriculteur		1,5	4,2	11,1	6,3	32,6	44,3	100
		3,1	6,7	14,7	10,1	13,4	49,2	17,2
Ensemble femmes		8,2	10,7	13	10,7	41,9	15,4	100
		100	100	100	100	100	100	100

Champ : la population est constituée des hommes de l'enquête mariés ou vivant en couple (français de naissance), classés en fonction de la profession de leur père et de celle du père de leur conjoint (les non-réponses à l'une ou l'autre information sont exclues du tableau).

Lecture : dans chaque case, on a d'abord la proportion en ligne puis en colonne. Ainsi, 28 % des fils de cadres ont épousé une fille de cadre, et 30 % des filles de cadres ont épousé un fils de cadre.

Source : Insee, enquête FQP 1993 (les données correspondantes ne sont pas disponibles dans l'enquête de 2003).

profession des conjoints permet de constater que les couples hétérogames s'expliquent assez largement par les différences de structure des emplois masculins et féminins : cas des hommes cadres/femmes professions intermédiaires ou employées par exemple, mais aussi des hommes ouvriers/femmes employées (voir tableau 4). Un tableau croisant la profession de l'homme et celle du père de la femme permet d'étudier la mobilité féminine intergénérationnelle « par le mariage ». Un tableau croisant la profession des pères des deux conjoints rend compte de la proximité ou de la distance des origines sociales des membres des couples (voir tableau 3). L'importance relative de l'homogamie et l'étude des cas d'hétérogamie montrent que le poids de

Tableau 4. **Groupes socioprofessionnels des conjoints (couples dont les membres ont entre 25 et 59 ans en 1993)**

Groupe socio-professionnel de l'homme	**Groupe socioprofessionnel de la femme**								
	3	**4**	**2**	**5**	**6**	**1**	**7**	**8**	**Ensemble hommes**
3. Cadre %→	24,2	21,3	1,8	16,7	1,4	(ε[a])	3,9	30,7	100
%↓	57,3	21,2	8	8,4	2,5	(0,3)	13	15,8	15,2
4. Profession	5,9	24,5	1,6	34	5,3	0,3	3,8	24,5	100
intermédiaire	19,5	34	10	23,9	13,1	2,6	17,7	17,5	21
2. Artisan,	6,7	11,3	24,3	26,2	3,2	0,7	3,1	24,5	100
comm., chef d'entr.	9,8	6,9	65,3	8,2	3,5	2,7	6,5	7,8	9,3
5. Employé	2,5	16,5	1	45,1	7,2	(0,1)	4,2	23,5	100
	3,2	9	2,3	12,6	7	(0,5)	7,7	6,7	8,3
6. Ouvrier	1	8,5	1	35,3	16,7	0,7	4,6	32,2	100
	5	17,8	8,9	37,4	62,1	8,5	32,5	34,8	31,8
1. Agriculteur	1,7	7,3	1,4	12,8	5,5	54,3	1,7	15,4	100
	1,0	1,8	1,5	1,6	2,4	82,4	1,4	1,9	3,7
7. Retraité	2,9	14,2	1,1	20,2	6,1	0,8	5,8	49	100
	2,6	5,4	1,8	3,9	4,1	1,9	7,4	9,6	5,8
8. Autre inactif	2	12	1,6	25,6	9,3	0,6	12,9	36	100
	1,5	3,8	2,3	4,1	5,3	1,1	13,9	5,9	4,9
Ensemble	6,4	15,2	3,5	30	8,5	2,4	4,5	29,5	100
femmes	100	100	100	100	100	100	100	100	100

a. Proche de zéro.

Champ : hommes et femmes de 25 à 59 ans en couple, dont le conjoint appartient à la même tranche d'âge (toutes nationalités).

Lecture : premier % en ligne, deuxième en colonne : 17 % des ouvriers ont une ouvrière pour conjoint, situation qui caractérise 62 % des ouvrières.

Source : Insee, enquête FQP 1993 (les données correspondantes ne sont pas disponibles dans l'enquête de 2003).

l'origine sur le destin ne diffère guère selon le sexe. Toutefois, on peut dire que les hommes ressemblent un peu moins à leurs beaux-pères qu'à leurs pères (les tableaux hommes/pères du conjoint sont un peu moins chargés sur la diagonale que les tableaux hommes/pères), ce qui signifierait que la destinée sociale des femmes, mesurée à ce critère, serait un peu plus ouverte que celle des hommes [7].

7. Dominique Merllié, 2001, art. cité.

Le double constat d'une forte évolution de la structure des emplois masculins entre les générations et d'une forte différenciation de la structure des emplois masculins et féminins conduit cependant à se poser une autre question. La progression de l'emploi féminin, qui se développe particulièrement parmi les employés, n'est-elle pas l'une des conditions structurelles de la mobilité sociale ascendante des hommes ? Si une femme employée ou institutrice mariée à un ingénieur appartient à un milieu social qui est défini plus par la profession de son mari que par la sienne, elle a pu contribuer, en se satisfaisant de sa position professionnelle, à rendre possible l'accès de son mari à la sienne. Le retrait relatif des femmes dans la compétition pour les emplois les plus valorisés peut apparaître comme l'une des conditions structurelles des flux de mobilité ascendants masculins, de même que, dans les années de croissance économique forte, le recrutement des ouvriers parmi les travailleurs immigrés a pu permettre, par exemple, à des enfants d'ouvriers d'occuper d'autres emplois qui se développaient par ailleurs.

L'évolution récente de la mobilité sociale des hommes en France

Pour illustrer ces questions et ces analyses, cherchons à caractériser les évolutions qui ressortent des deux enquêtes FQP les plus récentes (1993 et 2003), et à comparer le tableau 1 avec le tableau 5 (analogue pour l'année 1993), soit la situation en 1993 des hommes nés entre 1934 et 1953 et celle en 2003 des hommes nés entre 1944 et 1963 (la seconde population correspond assez bien aux générations dites du *baby-boom* ; les générations de 1944 à 1953 sont communes aux deux).

Calculons d'abord l'immobilité globale (telle que la construit ce système de catégories : on pourrait distinguer des situations de mobilité au sein de ces « immobiles ») en additionnant les effectifs (ici en milliers) des cases diagonales et en les rapportant à l'effectif d'ensemble :

1993 : 2 037/5 804 = 35,1 % (soit 64,9 % de mobiles)

2003 : 2 417/6 679 = 36,2 % (soit 63,8 % de mobiles).

La mobilité ainsi construite a légèrement baissé. C'est nouveau : elle ne cessait d'augmenter dans la série des enquêtes FQP antérieures [8]. Ce n'est pas ce que dit un résultat antérieurement publié, qui la trouve stable, mais qui porte sur

8. Louis-André Vallet, 1999, art. cité.

Tableau 5. **Origines et destinées des hommes en 1993 (groupe socioprofessionnel du père et groupe socioprofessionnel de l'enquêté)**

Origine \ Destinée		3. Cadre et prof. int. sup.	4. Profession intermédiaire	2. Artisan, comm., chef d'entr.	5. Employé	6. Ouvrier	1. Agriculteur	Ensemble
3. Cadre et prof. intell.		**260**	**101**	**52**	**40**	**32**	**(3)**	**488**
supérieure	% →	53,4	20,7	10,6	8,2	6,5	(0,6)	100
	% ↓	23,3	7,5	7,7	7,3	1,8	(0,9)	8,4
4. Profession		**223**	**185**	**56**	**61**	**93**	**(5)**	**622**
intermédiaire		35,8	29,7	9,0	9,8	14,9	(0,8)	100
		19,9	13,7	8,3	11,1	5,1	(1,6)	10,7
2. Artisan,		**172**	**160**	**242**	**53**	**154**	**14**	**795**
commerçant,		21,6	20,2	30,4	6,7	19,3	1,7	100
chef d'entreprise		15,4	11,9	35,9	9,7	8,5	4,6	13,7
5. Employé		**140**	**211**	**47**	**72**	**173**	**(1)**	**645**
		21,8	32,8	7,3	11,2	26,8	(0,2)	100
		12,5	15,6	7,0	13,1	9,5	(0,4)	11,1
6. Ouvrier		**215**	**547**	**200**	**241**	**1 022**	**18**	**2 243**
		9,6	24,4	8,9	10,8	45,5	0,8	100
		19,2	40,5	29,7	43,9	56,3	6,2	38,6
1. Agriculteur		**108**	**147**	**77**	**82**	**342**	**256**	**1 011**
exploitant		10,7	14,5	7,6	8,1	33,8	25,3	100
		9,7	10,9	11,4	14,9	18,8	86,3	17,4
Ensemble		**1 118**	**1 351**	**674**	**550**	**1 815**	**296**	**5 804**
		19,3	23,3	11,6	9,5	31,3	5,1	100

Champ : hommes français à la naissance actifs occupés ou anciens actifs en 1993, âgés de 40 à 59 ans.

Notes : *cf.* tableaux 1 et 2.

Source : Insee, enquête FQP 1993.

une population légèrement différente (incluant des immigrés, plus souvent mobiles parce que plus souvent fils d'agriculteurs) [9].

Comment évaluer ce résultat global ? Fixons d'abord les bornes entre lesquelles peut varier cette proportion, compte tenu de la structure des tableaux.

1) L'immobilité maximale ne pourrait atteindre 100 %, du fait de la dissimilitude des marges. L'effectif maximum de chaque case de la diagonale est le plus petit des effectifs des marges correspondantes (celui des origines pour les cadres, celui des destinées pour les agriculteurs, etc.). L'immobilité ne pourrait ainsi dépasser 4 405/5 804 = 75,9 % pour le tableau de 1993 et 5 044/6 679 = 75,5 % pour celui de 2003.

2) À l'autre pôle, on peut calculer ce qui resterait d'immobilité, les marges du tableau étant données, dans l'hypothèse d'une société totalement « fluide », où les destinées seraient indépendantes des origines (toutes les lignes s'aligneraient sur la structure d'ensemble des destinées et toutes les colonnes sur celle des origines : en 2003, 19,9 % des fils de cadres seraient cadres et 8,6 % des cadres seraient fils de cadres, etc.). On peut la calculer, pour chaque case de la diagonale, en divisant le produit des effectifs marginaux par l'effectif d'ensemble : le total se monte à 19,7 % pour le tableau de 1993 et 20,7 % pour celui de 2003. Ainsi, les valeurs observées aux deux dates sont à situer par rapport à des valeurs « théoriques » maximales voisines et des valeurs « théoriques » inférieures (absence de lien entre origines et destinées) un peu plus élevées en 2003 qu'en 1993. Par rapport à ces dernières, le surcroît d'immobiles en 1993 est de 35,1 – 19,7 = 15,4 ; en 2003, 36,2 – 20,7 = 15,5 : la différence des proportions d'immobilité observées peut ainsi renvoyer à un effet de structure lié aux variations de taille relative des catégories aux deux dates.

Entrons davantage dans les détails. En faisant l'addition des effectifs des immobiles, on a pu remarquer qu'ils proviennent au moins pour moitié d'une même catégorie, celle des ouvriers : la part des ouvriers fils d'ouvriers parmi les immobiles est :

1993 : 1 022/2 037 = 50,2 % des immobiles

2003 : 1 271/2 417 = 52,6 % des immobiles.

Ainsi, il suffit de mettre à part cette catégorie pour faire observer une mobilité moyenne sensiblement plus forte de

9. Stéphanie Dupays, 2006, art. cité.

Encadré 4. Comment la fluidité sociale évolue-t-elle ?

Si l'on compare les flux de mobilité sociale de sociétés différentes, ou de la même société à des dates différentes, on trouve nécessairement des variations, qui peuvent être considérables, du fait que ces flux relient des groupes sociaux de tailles relatives différentes. Par exemple, il n'est pas surprenant de trouver moins d'ouvriers d'origine agricole dans une société où il y a moins d'agriculteurs et donc d'enfants d'agriculteurs, si l'on compare la Grande-Bretagne et la France, ou encore la France d'aujourd'hui à celle d'il y a cinquante ans. La comparaison de la mobilité sociale dans des sociétés ou à des périodes différentes est donc à relier à celle des différences ou des évolutions de structure sociale. Elle est nécessaire pour étudier les variations dans les destins sociaux des individus comme dans le recrutement social des groupes sociaux. Mais elle ne permet pas directement d'estimer si ces variations correspondent ou non à des rigidités sociales plus ou moins fortes dans la transmission des statuts sociaux.

On peut donc se demander aussi si les flux observés traduisent, au-delà des différences de structure, des variations dans l'ouverture des destinées « toutes choses égales par ailleurs » ou encore dans la « fluidité sociale ». Les techniques statistiques nécessaires pour répondre à cette question reviennent à se demander ce que seraient les tableaux comparés, dont les marges diffèrent (structures des origines et des destinées), *si* ces marges étaient les mêmes. Une difficulté tient au fait que les catégories statistiques utilisées ne sont jamais parfaitement transposables. Même lorsqu'elles sont identiques dans leur définition formelle, leur signification sociale peut varier, notamment avec l'importance relative des groupes correspondants. Les statuts sociaux respectifs d'un cadre ou d'un agriculteur ne sont pas les mêmes dans une société où les agriculteurs sont nombreux et les cadres rares et dans une société où ces rapports s'inversent.

Sous ces réserves, on peut dire que les analyses ont longtemps conclu à des différences faibles de la « fluidité » selon les sociétés [a]. De même, les différences repérables dans le temps ont longtemps paru incertaines ou négligeables [b]. Des analyses précises sur les quarante années séparant les enquêtes de 1953 et 1993 de l'Insee concluent cependant à une augmentation faible mais régulière de la « fluidité » en France. Globalement, au rythme constaté sur quarante ans, il faudrait deux siècles pour que l'on arrive à une société où les destins sociaux ne dépendraient plus des origines [b].

a. Robert Erikson et John H. Goldthorpe, *The Constant Flux. A Study of Class Mobility in Industrial Societies*, Clarendon Press, Oxford, 1992.
John H. Goldthorpe, « Le "noyau dur" : fluidité sociale en Angleterre et en France dans les années 1970 et 1980 », *Revue française de sociologie*, vol. XXXVI, n° 1, 1995, p. 61-79.

b. Claude Thélot, *Tel père, tel fils ? Position sociale et origine familiale*, Dunod, Paris, 1982, rééd. 2004.

c. Louis-André Vallet, 1999, art. cité.

l'ensemble des autres catégories : pour l'ensemble des hommes qui ne sont pas d'origine ouvrière, on a :

1993 : (2 037 – 1 022)/(5 804 – 2 243) = 1 015/3 561
= 28,5 % d'immobiles (71,5 % de mobiles)

2003 : (2 417 – 1 271)/(6 679 – 2 800) = 1 146/3 879
= 29,5 % d'immobiles (70,5 % de mobiles).

Ou, pour l'ensemble de ceux qui ne sont pas classés dans le groupe des ouvriers :

1993 : 1 015/(5 804 – 1 815) = 25,4 % (74,6 % de mobiles)

2003 : 1 146/(6 679 – 2 093) = 25,0 % (75 % de mobiles).

La mobilité globale, ainsi définie, a donc cessé d'augmenter (elle a plutôt diminué entre les deux dates), mais elle se maintient à un niveau qui peut paraître assez élevé (parmi les non-ouvriers, seul un sur quatre est resté dans le groupe socioprofessionnel de son père) et cette évolution peut s'expliquer par celle qui affecte le seul groupe des ouvriers (où la part du recrutement d'origine ouvrière a augmenté).

Qu'observe-t-on alors groupe par groupe ? Les taux d'immobilité de chacun n'ont pas varié fortement aux deux dates : on les voit (% en ligne) augmenter pour les fils de professions intermédiaires, d'employés et d'agriculteurs ; rester stables pour ceux de cadres et ceux d'ouvriers ; diminuer pour les fils de patrons. Pour interpréter ces variations de sens variables, il faut analyser ces taux en tenant compte du poids global, variable aux deux dates, de ces groupes, en les rapprochant du pourcentage marginal correspondant (globalement, on a, pour 2003, 19,9 % de cadres dans la population, mais 53,9 % parmi les seuls fils de cadres, etc.). Généralement, les groupes dont l'immobilité a augmenté ou diminué sont ceux dont le poids a aussi augmenté ou diminué dans l'ensemble : à tendance constante, ces taux devaient évoluer dans le sens observé.

À ce niveau d'analyse (qui ne tient compte que des cases de la diagonale et non de la distribution des mobiles en différents groupes), il est difficile de dire qu'il y ait une évolution, dans le sens du resserrement ou dans celui du relâchement, de la tendance des fils à occuper une profession appartenant au même groupe socioprofessionnel que celle de leur père. Il faudrait donc, pour aller plus loin, prendre en compte l'évolution des rapports entre toutes les cases du tableau, ce qui suppose des techniques statistiques beaucoup plus complexes que les comparaisons qu'on vient de faire [10].

10. Louis-André Vallet, 1999, art. cité.

À titre de sondage, on peut voir ce qui s'observe pour quelques cas typiques. Par exemple, comment a évolué, pour les fils de cadres et d'ouvriers, le rapport de leurs probabilités d'avoir plutôt l'un de ces destins ou l'autre (ces rapports de rapports, ou *odd ratios*, ont l'avantage de ne pas être affectés par les marges, soit ici par les variations des origines et des destinées d'ensemble de ces groupes ; leur valeur est 1 dans le cas d'une égalité des chances d'accès) :

1993 : le rapport de ces deux destinées est
53,4/6,5 = 8,2 pour les fils de cadres et
9,6/45,5 = 0,21 pour les fils d'ouvriers
et le rapport de ces rapports est 8,2/0,21 = 39

2003 : les rapports de ces deux destinées sont respectivement
53,9/7,8 = 6,9 et 10,8/45,5 = 0,24
et leur rapport de 6,9/0,24 = 29.

Pour ce couple de catégories, qui restent très éloignées, la « distance » que traduisent ces rapports semble s'être un peu réduite. On voit, dans le calcul, que cela s'explique par une légère augmentation de la mobilité (descendante) des fils de cadres devenant ouvriers et une légère augmentation de la mobilité ascendante inverse. Au vu de ce seul exemple, le lent mouvement de réduction de l'inégalité des chances observé de 1953 à 1993 [11] semble se poursuivre. Si ce cas peut être généralisé, le fait que la proportion de mobilité n'ait pas augmenté selon les enquêtes de 1993 et 2003 est cependant compatible avec une certaine réduction de l'inégalité des chances ou des distances entre les catégories que traduisent les *odd ratios*.

L'exemple analysé illustre le fait qu'une telle réduction des inégalités de destin ne correspond pas seulement à la progression de cas de mobilité ascendante, mais aussi à celle de cas de mobilité descendante. Il faut donc analyser aussi les tableaux 1 et 5 de ce point de vue. La place relative dans une structure sociale hiérarchisée des groupes d'indépendants (au contenu socialement peu homogène) ne pouvant être fixée, limitons l'analyse aux cases des tableaux impliquant les groupes 3 à 6 (qui comportent principalement des salariés). On admettra que, en général, la position des cadres est supérieure à celle des professions intermédiaires et celle-ci à celle des employés et des ouvriers. On isole ainsi 1 336 milliers de cas de mobilité (assez sûrement)

11. Louis-André Vallet, 1999, art. cité.

ascendante et 327 milliers de cas de mobilité (assez sûrement) descendante entre des groupes de salariés en 1993 (représentant 23,0 et 5,6 % de la population d'ensemble) et 1 530 et 429, respectivement, en 2003 (22,9 et 6,4 %) : le poids relatif de la mobilité descendante ainsi caractérisée a augmenté et, s'il y a un assouplissement du lien entre origines et destinées, c'est peut-être plus à la progression des cas de mobilité descendante qu'à celle des cas de mobilité ascendante qu'il faut l'imputer.

De fait, la comparaison des marges des deux tableaux fait apparaître un ralentissement de la tendance des décennies précédentes où l'on voyait la différence entre les origines et les destinées croître au cours du temps dans le sens d'un progrès des effectifs des catégories supérieures et d'une diminution corrélative des catégories inférieures. Ainsi, la structure des destinées a moins changé, entre les deux dates, que celle des origines. Le moteur « structurel » de la mobilité sociale (qui la poussait dans le sens ascendant) se ralentissant sans que celle-ci diminue, il faut bien que ce soit au prix d'un accroissement de la mobilité descendante. Au terme de cette analyse, ce qui caractériserait un nouveau régime de l'« ascenseur social », ce ne serait pas tant la « panne » par rapport à une situation antérieure, même si les flux de mobilité ont cessé d'augmenter, que le fait qu'il fonctionnerait davantage dans les deux sens, avec une augmentation de la part relative des déclassements. C'est aussi ce qui s'observe, plus clairement, pour la mobilité en cours de carrière, à la fois plus importante et plus souvent descendante [12].

Les facteurs de la mobilité sociale

Les trajectoires sociales (immobilité et différentes formes de mobilité) s'expliquent-elles par les structures sociales et leurs évolutions, qui les contraignent ou les rendent possibles, ou bien les structures sont-elles le résultat, instable ou provisoire, de l'action des individus ? Ainsi peut-on résumer, en le simplifiant, un débat qui oppose des sociologues plus attentifs, les uns aux déterminations sociales pesant sur les « agents » sociaux, les autres aux marges de jeu qu'institutions et sociétés laissent toujours aux « acteurs » dans l'interprétation, voire dans l'improvisation, des rôles sociaux. L'analyse de la mobilité sociale est un

12. Olivier Monso, « Changer de groupe social en cours de carrière. Davantage de mobilité depuis les années 1980 », *Insee Premières*, n° 1112, décembre 2006.

des lieux où s'exprime cette différenciation théorique. Pour éclairer un tel débat, il est nécessaire de s'interroger non seulement sur l'existence ou l'importance de la mobilité, mais aussi sur les mécanismes et les institutions qui la produisent, la permettent ou la canalisent.

Le rôle de l'école

Parmi ces institutions, l'école a polarisé une bonne part des analyses. En effet, si la famille et l'héritage semblent devoir produire des statuts sociaux « assignés » et expliquer ainsi les tendances à l'immobilité, l'institution scolaire, lorsqu'elle est ouverte à tous, semble construite pour permettre de développer les « dons » ou le « mérite » individuel et donner, par les titres décernés au vu de performances réalisées dans certaines conditions d'égalité, les moyens d'acquérir des statuts sociaux qui peuvent différer de ceux de la famille d'origine, favorisant ainsi la mobilité sociale.

Dès lors que la socialisation des individus se fait à la fois dans la famille et dans l'école, cette question renvoie à celle de l'articulation de ces deux formes de socialisation. Une bonne partie des travaux de sociologie de l'éducation (en particulier ceux de Pierre Bourdieu et Jean-Claude Passeron [13]) a consisté à montrer que cette articulation était fort variable selon les catégories sociales. L'école ne libère guère des déterminismes sociaux de la « naissance », car la culture qu'elle diffuse et en fonction de laquelle elle porte ses jugements, bien que spécifique, est plus proche de celle des classes supérieures que des autres. Même si elle s'adresse de la même manière à tous, ses messages sont reçus inégalement, et les sanctions qu'elle décerne selon ses propres critères tendent à retraduire dans l'ordre scolaire des différences sociales qui lui préexistent. L'effet global ne serait pas de substituer un mode de classement (scolaire, fondé sur le mérite) à un autre (social, fondé sur la naissance), mais de légitimer le classement social en le retraduisant dans d'autres modalités. L'école participerait ainsi d'autant mieux à la reproduction de l'ordre social qu'elle le ferait de manière déniée, à l'insu de ses propres agents.

---

13. Pierre Bourdieu et Jean-Claude Passeron, *Les Héritiers. Les étudiants et la culture*, Minuit, Paris, 1964 ; Pierre Bourdieu et Jean-Claude Passeron, *La Reproduction. Éléments pour une théorie du système d'enseignement*, Minuit, Paris, 1970.

Ces analyses s'appuient sur les différences de réussite scolaire des élèves en fonction de l'origine sociale et conduisent à dire que la famille donne en héritage non seulement des biens économiques variables, mais aussi un « capital culturel » inégalement réparti. Elles ne sont pas démenties par la présence de cancres parmi les enfants des classes supérieures et par celle de « miraculés » scolaires qui échappent au destin commun des classes inférieures. Les premiers bénéficient souvent des autres formes de « capital » qui leur évitent de déchoir socialement, notamment par les relations sociales de leurs familles ; les seconds, quand ils ne deviennent pas eux-mêmes des agents dévoués de l'institution scolaire à laquelle ils doivent leur élection, contribuent au nécessaire renouvellement de catégories sociales en expansion.

L'inégalité sociale devant l'école ne se traduit pas seulement dans l'inégale longueur des scolarisations, mais aussi dans les différences d'orientation dans des formations au rendement social inégal. Ainsi, non seulement les enfants d'ouvriers sont bien moins souvent étudiants que les enfants de cadres, mais encore ne font-ils pas les mêmes études. Le recrutement social des formations universitaires de lettres ou de sciences, qui débouchent surtout sur l'enseignement, s'oppose à celui des filières qui conduisent aux professions libérales ou à celui des « grandes écoles » d'ingénieurs ou de commerce, qui forment les futurs cadres du public et du privé [14].

Non seulement, selon ces analyses, l'école n'est pas « neutre » socialement, mais encore elle décerne des titres dont la valeur dépend des qualités sociales de leurs porteurs. L'étude des débouchés professionnels des différentes filières scolaires montre que le rendement social des diplômes dépend aussi de l'origine sociale. Un même diplôme conduit élèves ou étudiants à des professions ou à des niveaux de salaire qui sont sensiblement fonction de leur origine sociale, et tous ne sont pas non plus à égalité pour la conversion des titres scolaires en titres sociaux.

Ainsi, à l'idée spontanée que l'école est un des moyens qui s'ouvrent aux enfants doués ou méritants d'échapper au destin social où pourrait les enfermer leur catégorie sociale de naissance, des études sociologiques convergentes ont pu opposer le constat des limites assez étroites dans lesquelles elle peut jouer

14. Marlaine Cacouault et Françoise Œuvrard., *Sociologie de l'éducation*, La Découverte, « Repères », Paris, 2003 ; Pierre Merle, *La Démocratisation de l'enseignement*, La Découverte, « Repères », Paris, 2002 ; Maria Vasconcellos, *L'Enseignement supérieur en France*, La Découverte, « Repères », Paris, 2006.

effectivement le rôle d'un canal de mobilité sociale. Loin d'être un lieu où l'effet des structures sociales serait suspendu, elle contribuerait de manière spécifique à leur reproduction.

On a reproché à ces analyses de méconnaître le jeu des acteurs et estimé qu'élèves et parents prennent des décisions d'orientation rationnelles en fonction de leurs intérêts. Les analyses de Raymond Boudon [15], qui expliquent les statistiques scolaires et la mobilité sociale par les comportements individuels et les effets de leur agrégation, débouchent cependant sur des résultats comparables : la réduction des inégalités scolaires n'a pas nécessairement d'effets de même sens sur les inégalités sociales. Dans ces analyses, plus encore que dans les précédentes, l'école n'apparaît pas comme un moyen ou canal de mobilité sociale, puisqu'elle peut se démocratiser sans que l'accès aux positions sociales les plus valorisées se démocratise pour autant.

Ces différentes analyses n'infirment cependant en rien la remarque de bon sens de Paul Lapie, un sociologue français qui affirmait en 1911 [16] que, si réduit que soit l'effet de l'école sur le destin social, « on a tout de même plus de chances de s'élever dans l'échelle sociale en acquérant un peu d'instruction qu'en négligeant d'en acquérir ». Et cela encore plus, un siècle plus tard, du fait que l'accès aux positions sociales supérieures est devenu plus dépendant qu'auparavant de la réussite scolaire, les autres canaux traditionnels de mobilité sociale (comme la formation professionnelle sur le tas, le sport, le crime, etc.) semblant jouer sur des flux moins importants. C'est ce qui explique une partie au moins des difficultés de fonctionnement de l'institution scolaire, du fait des attentes sociales croissantes qui viennent peser sur elle.

Acteurs et structures

Le débat récurrent opposant déterminisme des structures sociales et initiative des individus n'a plus de sens si on le pousse à la limite. L'homme est « dans la société », comme la société est « dans l'homme », pour le dire comme Peter Berger [17]. L'enjeu

15. Raymond Boudon, *L'Inégalité des chances. La mobilité sociale dans les sociétés industrielles*, Armand Colin, Paris, 1973 (« Pluriel », 1985).
16. Paul Lapie, « L'école et la société », *L'Année psychologique*, vol. XVII, 1911, p. 80-96.
17. Peter L. Berger, *Invitation à la sociologie*, La Découverte, « Grands Repères/Classiques des sciences sociales », Paris, 2006 (1re éd. 1963).

pour l'analyse n'est pas dans l'opposition abstraite entre structures et acteurs, mais dans les modes d'articulation de ces niveaux d'analyse : les stratégies se déploient dans des structures sociales. Étudier la mobilité sociale comme le résultat de la mise en œuvre de projets de mobilité ou de conservation de la position sociale acquise ne saurait conduire à dissoudre la réalité des structures sociales, faute de quoi ces projets mêmes perdraient leur sens. Pour que des individus puissent souhaiter s'élever ou se maintenir dans la structure sociale et agir, de manière appropriée ou non, dans ce sens, il paraît nécessaire qu'existent effectivement des groupes sociaux différenciés et qu'un minimum de résistance s'oppose à ces projets.

Par quels mécanismes les actions sociales convergent-elles en produisant les régularités statistiques observables dans les enquêtes ? Comment institutions et groupes sociaux perdurent-ils à travers leurs transformations ? Pierre Bourdieu et Jean-Claude Passeron ont expliqué les mécanismes de « reproduction » précédemment décrits par le fait que les acteurs sociaux perçoivent la réalité sociale à travers l'expérience de leurs proches et intériorisent ainsi comme normales les destinées les plus fréquentes dans leur horizon social. La socialisation comporte l'intériorisation de « probabilités subjectives » qui se moulent sur les probabilités objectives avant de déterminer celles-ci en retour. C'est ce qui explique que les situations de bouleversement social (comme les périodes de guerre), dans lesquelles les repères ordinaires deviennent moins opérants, puissent notamment être des moments d'accroissement des possibilités et des situations de mobilité sociale. Inversement, on peut penser que l'arrêt d'une période de forte croissance économique, qui avait rendu habituels d'assez importants flux de mobilité ascendante et créé des attentes dans ce sens, renforcées par la généralisation d'une scolarisation longue [18], soit porteur de déception, dès lors que ces opportunités se ralentissent et que les mouvements de mobilité descendante prennent de l'importance. Pourtant, le sentiment de « panne de l'ascenseur social » n'est pas le plus partagé : interrogés, dans l'enquête de 2003, sur la différence entre le niveau social de leur emploi et celui de leur père, les individus sont plus nombreux à traduire le sentiment d'une mobilité ascendante que descendante [19].

---

18. Stéphane Beaud, *80 % au bac… et après ? Les enfants de la démocratisation scolaire*, La Découverte, « Poche », Paris, 2003.
19. Dominique Merllié, 2006, art. cité.

Les effets de la mobilité sociale

La mobilité sociale a été perçue à la fois comme un facteur de paix sociale et de déséquilibre psychologique. On peut, de fait, en étudier les effets à la fois sur les structures sociales et sur les individus.

Mobilité et ordre social

En recrutant les membres des différents groupes en partie en dehors de ces groupes, les sociétés « fluides » permettraient une meilleure adaptation des individus à leur situation sociale. Dans une vision « fonctionnaliste » de la société, pour que la division du travail social ait des effets positifs, il faut que les individus occupant les différentes fonctions aient des dispositions (talents ou compétences) adaptées à ces fonctions, et la mobilité sociale permet de mieux assurer cette adéquation des individus à leurs rôles sociaux. Dans une version plus politique, la classe dominante ou l'élite ne peut s'imposer durablement que si elle se décharge de ses membres les moins aptes et s'assure le concours des meilleurs des membres des classes dominées ou de la masse, faute de quoi les rancœurs accumulées par les talents mal employés produisent des révolutions. La mobilité serait ainsi un facteur de bon fonctionnement des sociétés et, par là, de paix sociale.

Du point de vue des groupes sociaux, l'enjeu peut être celui de la permanence de leur identité, qu'un recrutement largement extérieur peut venir menacer. La stabilité d'une culture de classe, facteur d'intégration des classes sociales, est plus facilement assurée quand ses membres y ont été socialisés dès l'enfance que s'ils proviennent de groupes sociaux hétérogènes, aux expériences diverses. L'histoire de la classe ouvrière française montre cependant qu'elle a su être un « creuset » pour de nombreux ruraux et immigrés. Mais des flux de mobilité sociale trop importants pourraient menacer la cohérence et les possibilités de mobilisation et d'identification des groupes sociaux.

Mobilité et comportements sociaux

Les sociologues se sont interrogés sur les effets de la mobilité non seulement sur la stabilité de l'ordre social mais aussi sur les comportements des individus en situation de mobilité, et notamment dans le domaine politique : on s'est demandé par exemple si leur expérience personnelle de la diversité des situations sociales les rendait plus libéraux (au sens politique du terme) ou au contraire plus conservateurs, soit par rancœur en cas de mobilité descendante [20], soit par fixation sur des privilèges tout neufs en cas de mobilité ascendante. On peut analyser ce que les comportements sociaux doivent à la catégorie d'origine, à la catégorie de destination et à leur combinaison particulière [21]. Ainsi, l'origine ouvrière, et non seulement l'appartenance au groupe des ouvriers, semble un facteur prédisposant au vote de gauche. Inversement, le sentiment de ne pas appartenir tout à fait à un groupe social dans lequel on n'a pas été socialisé peut produire des mécanismes d'adaptation, engendrant un hyperconformisme ; ainsi en va-t-il, par exemple, du purisme linguistique des autodidactes, du patriotisme de certains immigrants et, plus généralement, de l'ardeur des néophytes.

Pour les individus qui en font l'expérience, la mobilité sociale peut être vécue à la fois comme une libération et comme un arrachement, et créer une situation de dédoublement, sinon de schizophrénie, avec le sentiment d'être doublement étranger : au groupe qu'on a quitté et plus ou moins trahi, au groupe qu'on a rejoint sans y être totalement intégré. Les relations sociales en sont affectées aussi bien avec les membres de la famille ou les amis d'enfance qu'avec les relations du nouveau milieu. Cette situation, comparable à celle des migrants et de leurs enfants entre deux pays et deux cultures [22], peut être d'autant plus douloureuse que le projet de mobilité était souvent plus celui des parents, se projetant dans la réussite sociale de leurs enfants, que de ceux-ci : fidélité et trahison sont tissées dans la même trame. Cette position d'étranger, le sentiment de marginalité et les difficultés d'adaptation peuvent aussi constituer un facteur de lucidité et produire des individus plus portés au regard sociologique sur le fonctionnement des groupes sociaux.

Repères bibliographiques

Beaud S., *80 % au bac... et après ? Les enfants de la démocratisation scolaire*, La Découverte, « Poche », Paris, 2003.

Berger P. L., *Invitation à la sociologie*, La Découverte, « Grands Repères/Classiques des sciences sociales », Paris, 2006 (1re éd. 1963).

20. Camille Peugny, « La mobilité descendante et ses conséquences politiques », *Revue française de sociologie*, vol. XLVII, n° 3, 2006, p. 443-478.
21. Bruno Cautrès, « Mobilité sociale et comportement électoral », *Revue française de sociologie*, vol. XXXVI, n° 1, 1995, p. 185-224.
22. Abdelmalek Sayad, « Les enfants illégitimes », *Actes de la recherche en sciences sociales*, n° 25, 1979, p. 61-82 et n° 26-27, p. 117-132.

BOUDON R., *L'Inégalité des chances. La mobilité sociale dans les sociétés industrielles*, Armand Colin, Paris, 1973 (« Pluriel », 1985).

BOURDIEU P. et PASSERON J.-C., *Les Héritiers. Les étudiants et la culture*, Minuit, Paris, 1964.

BOURDIEU P. et PASSERON J.-C., *La Reproduction. Éléments pour une théorie du système d'enseignement*, Minuit, Paris, 1970.

BOZON M. et HÉRAN F., *La Formation du couple*, La Découverte, « Grands Repères/ Classiques des sciences sociales », Paris, 2006.

BRÉSARD M., « Mobilité sociale et taille de la famille », *Population*, vol. V, n° 3, 1950, p. 533-566.

CACOUAULT M. et ŒUVRARD F., *Sociologie de l'éducation*, La Découverte, « Repères », Paris, 2003.

CAUTRÈS B., « Mobilité sociale et comportement électoral », *Revue française de sociologie*, vol. XXXVI, n° 1, 1995, p. 185-224.

CHAUVEL L., *Le Destin des générations*, PUF, Paris, 1998 (2e éd. 2002).

DUPAYS S., « En un quart de siècle, la mobilité sociale a peu évolué », *Données sociales*, 2006, p. 343-349.

ERIKSON R. et GOLDTHORPE J. H., *The Constant Flux. A Study of Class Mobility in Industrial Societies*, Clarendon Press, Oxford, 1992.

GOLDTHORPE J. H., « Le "noyau dur" : fluidité sociale en Angleterre et en France dans les années 1970 et 1980 », *Revue française de sociologie*, vol. XXXVI, n° 1, 1995, p. 61-79.

LAPIE P., « L'école et la société », *L'Année psychologique*, vol. XVII, 1911, p. 80-96.

MERLE P., *La Démocratisation de l'enseignement*, La Découverte, « Repères », Paris, 2002.

MERLLIÉ D., *Les Enquêtes de mobilité sociale*, PUF, Paris, 1994.

MERLLIÉ D., « La mobilité sociale diffère-t-elle selon le sexe ? », *in* BLÖSS T. (dir.), *La Dialectique des rapports hommes-femmes*, PUF, Paris, 2001, p. 151-173.

MERLLIÉ D., « Comment confronter mobilité "subjective" et mobilité "objective" », *Sociologie du travail*, vol. XLVIII, n° 4, 2006, p. 474-486.

MERLLIÉ D. et PRÉVOT J., *La Mobilité sociale*, La Découverte, « Repères », Paris, 1997, nouv. éd.

MONSO O., « Changer de groupe social en cours de carrière. Davantage de mobilité depuis les années 1980 », *Insee Premières*, n° 1112, décembre 2006.

PEUGNY C. « La mobilité descendante et ses conséquences politiques », *Revue française de sociologie*, vol. XLVII, n° 3, 2006, p. 443-478.

SAYAD A., « Les enfants illégitimes », *Actes de la recherche en sciences sociales*, n° 25, 1979, p. 61-82 et n° 26-27, p. 117-132 (reproduit *in L'Immigration ou les paradoxes de l'altérité*, De Boeck, Bruxelles, 1991, p. 183-258).

SOROKIN P., *Social Mobility*, Harper & Brothers, New York/Londres, 1927 (éd. aug. *Social and Cultural Mobility*, The Free Press, Glencoe, 1964).

THÉLOT C., *Tel père, tel fils ? Position sociale et origine familiale*, Dunod, Paris, 1982, rééd. 2004.

VALLET L.-A., « Quarante années de mobilité sociale en France », *Revue française de sociologie*, vol. XL, n° 1, 1999, p. 3-64.

VASCONCELLOS M., *L'Enseignement supérieur en France*, La Découverte, « Repères », Paris, 2006.

II / La dynamique de la stratification sociale

*Louis Chauvel**

Depuis vingt ans, la dynamique des systèmes de stratification sociale et le devenir des inégalités économiques sont apparus comme un champ florissant des sciences économiques et sociales, aux États-Unis comme en Europe. Ces questions recouvrent des enjeux principaux : 1) celui des descriptions les plus appropriées, qui ne cessent de faire débat ; 2) celui de l'explication et des causes du phénomène inégalitaire ; 3) celui de l'évaluation des conséquences des inégalités sur les équilibres de la société ; 4) celui, plus normatif, concernant ce que les inégalités devraient être.

Le premier enjeu est avant tout celui de la connaissance descriptive. Vilfredo Pareto (1894-1896), qui a proposé la première formule mathématique destinée à décrire la répartition des richesses, a formulé une loi (celle dite des 20/80, selon laquelle 20 % de la population détient 80 % des richesses), posant l'invariabilité dans le temps et selon les pays des inégalités économiques. Cette loi d'invariance a été largement remise en cause au cours des décennies récentes, et l'on peut montrer qu'il existe de larges marges de choix historiques.

Le deuxième enjeu porte sur les explications de l'émergence des hiérarchies, sur les causes de ses transformations sociales. Depuis Jean-Jacques Rousseau (1712-1778) qui offrit une réflexion majeure sur l'origine des inégalités, différentes

---

* Louis Chauvel est sociologue, professeur des Universités à l'IEP de Paris, chercheur à l'Observatoire sociologique du changement (OSC FNSP/CNRS) et à l'Observatoire français des conjonctures économiques (OFCE), et membre de l'Institut universitaire de France (IUF).

traditions sont apparues, les unes plus individualistes, fondées notamment sur l'idée de différentiels de productivité marginale, et d'autres plus collectives, où les tendances historiques ou les processus institutionnels sont au centre du questionnement.

Le troisième enjeu est celui des conséquences de la stratification et des inégalités, notamment en termes de stabilité sociale. Depuis Alexis de Tocqueville (1835-1840), la question de l'inégalité est centrale dans l'évaluation des risques politiques qui pèsent sur le système social : « Presque toutes les révolutions qui ont changé la face des peuples ont été faites pour consacrer ou pour détruire l'égalité. [...] Si donc vous pouvez fonder un état de société où chacun ait quelque chose à garder et peu à prendre, vous aurez beaucoup fait pour la paix du monde [1]. » Ignorer la question des inégalités pourrait nous confronter au risque de conflagration sociale. À l'opposé de cette lecture inquiète des inégalités, d'autres auteurs suggèrent que, sans inégalité, l'incitation à l'effort et la rétribution de l'implication dans le travail pourraient disparaître ; cet aiguillon du progrès, si trop d'égalité parvenait à l'émousser, pourrait induire une stagnation économique, voire une déstabilisation du système social. Trancher entre ces deux thèses est évidemment difficile.

Le dernier enjeu est aussi le premier, historiquement : lorsque Aristote s'interroge sur ce que les inégalités devraient être et sur la justice sociale, l'enjeu normatif est au premier plan. Selon Aristote, la vie bonne est située à distance des extrêmes, et la société la meilleure est constituée autour des classes intermédiaires entre l'extrême richesse et l'extrême pauvreté. Pour autant, l'égalité parfaite (le traitement égal d'êtres inégaux) pourrait être injuste : mieux vaudrait une égalité proportionnelle au mérite qui reste à définir.

La diversité des approches

La stratification sociale, l'analyse des inégalités et l'ensemble des questions qui les mettent en jeu sont d'une extrême complexité. Les approches sont diverses et le plus souvent complémentaires, non exclusives les unes des autres, et tendent chacune à souligner certains aspects et à en passer d'autres sous silence. Surtout, chaque point de vue privilégie un aspect et une

1. Alexis de Tocqueville, *De la démocratie en Amérique*, tome II, 3e partie, chapitre XXI, Robert Laffont, « Bouquins », Paris, 1999 (1840).

lecture, qui prête à une théorisation implicite et spécifique du social. Ces grandes distinctions dans les approches relèvent avant tout de l'opposition entre hiérarchie et différence, et d'autre part entre vision discontinuiste et vision continuiste.

Hiérarchisation versus *différenciation : entre inégalité et distinction*

Si chacun était identique aux autres, il ne pourrait exister d'inégalité. Inversement, les différences entre individus (concernant leur sexe, leur âge, leur région, etc.) ne sont pas nécessairement des inégalités. Pour qu'il y ait des inégalités, il faut qu'il existe des ressources socialement prisées et caractérisées par leur rareté (naturelle ou non), inégalement réparties entre les individus, permettant ainsi de repérer une échelle hiérarchique.

À l'inverse, il pourrait exister des formes de différenciation sans hiérarchisation, comme ce pourrait être le cas *a priori* des différences sociales et culturelles liées à l'appartenance ethnique, religieuse, d'âge ou de genre (femmes et hommes). Évidemment, *a posteriori*, les situations sont bien plus complexes : certaines de ces différences sont en effet détournées au long de processus sociaux pour imposer des hiérarchies entre de tels groupes, comme on le comprend vite lorsque l'on étudie les rapports de genre. Le risque d'une vision hiérarchique serait de renforcer l'idée d'inégalités univoques, comme le risque de l'approche différentialiste est de passer à côté d'inégalités habilement dissimulées. Néanmoins, toute la stratification sociale pourrait ne pas être réduite à une question de hiérarchie. Chez de nombreux sociologues, l'idée générale est que, de plus en plus, les inégalités, en particulier celles léguées de génération en génération, déclineraient et laisseraient la place à des différences choisies de styles de vie, de préférences culturelles et symboliques non hiérarchisées. La démonstration de la pertinence de cette idée est moins évidente que l'on ne le suppose souvent.

Approches discontinues versus *continues : entre oppositions qualitatives et inégalités quantitatives*

Une seconde distinction majeure oppose les lectures qualitatives (ou discontinuistes) de la stratification sociale vue comme constituée de groupes différents ou de catégories séparées par des frontières, et les lectures quantitatives (ou continuistes) fondées sur l'idée qu'il existe des grandeurs (des échelles de mesure) permettant de positionner les individus sur un continuum allant du plus au moins.

Schéma 1. **Deux types d'approche de la stratification**

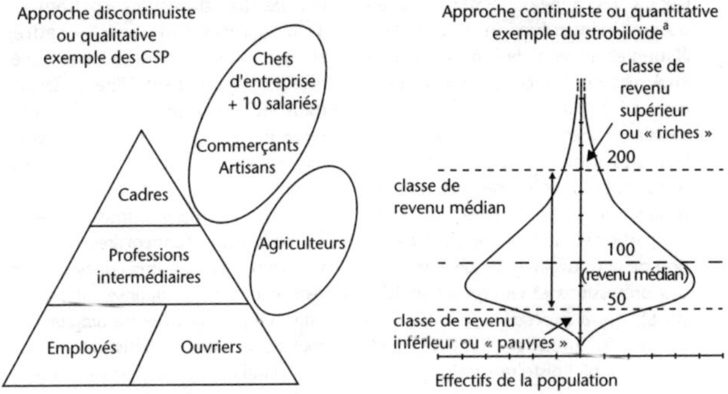

a. Strobilos : toupie en grec.

Les premières approches sont plus pertinentes notamment lorsque l'on s'intéresse à la profession et à l'activité économique des individus : on est avocat ou chaudronnier avant d'être membre du premier ou du dernier décile des revenus. Dès lors, les approches en termes de classes sociales comme celles en termes de catégories socioprofessionnelles (voir encadré 1) relèvent de cette vision où l'enjeu est le repérage de frontières entre groupes distincts, voire de fractures lorsque les oppositions s'exacerbent. Les secondes approches, continuistes, sont plus pertinentes lorsque l'on s'intéresse à la quantité de ressources rares ou socialement prisées dont disposent les individus pour améliorer leurs conditions d'existence, et lorsqu'il existe des gradations infinies entre les positions extrêmes. L'intensification des inégalités s'analyse alors en termes de polarisation, lorsque les échelons intermédiaires se vident au profit des extrêmes opposés. Le danger général des approches qualitatives est de surévaluer souvent l'étanchéité des frontières entre groupes et d'ignorer de nombreuses nuances ; inversement, les approches quantitatives peuvent nier des frontières sociales auxquelles les acteurs sociaux sont effectivement confrontés et surévaluer l'unité du corps social.

Encadré 1. Les catégories socioprofessionnelles comme modèle simplifié de la société

Depuis les années 1950, les catégories socioprofessionnelles (CSP), élaborées au sein de l'Insee, se sont imposées en France comme le principal outil d'analyse de la statistique sociale permettant de repérer la position des individus dans le monde productif du point de vue de leur profession. Desrosières et Thévenot, qui participèrent à l'équipe d'élaboration de la nouvelle grille de 1982 dite des professions et catégories sociales (PCS), qui a succédé aux catégories socioprofessionnelles (CSP) de 1954, en ont établi l'histoire succincte [a].

La CSP permet de repérer empiriquement, sous une forme neutralisée, une notion assez proche en définitive de celle de « classe sociale », sans avoir à en prononcer le nom. La logique du regroupement repose sur les conventions collectives, qui reflètent la reconnaissance sociale d'une communauté d'intérêts par les membres des différents corps de métiers, professions, niveaux hiérarchiques, etc., au travers des négociations. L'outil résume ainsi à la fois la position hiérarchique, le statut (salarié public ou privé, indépendant) et le secteur d'activité.

Il en résulte une division de la société selon des clivages multiples qui synthétisent les grandes divisions connues : l'opposition entre salariat et indépendants, celle au sein du salariat entre cadres et catégories d'exécution routinisée, celle enfin entre secteurs d'activité. Au plus haut degré de synthèse, les CSP font apparaître six groupes typiques — les chiffres renvoient à la codification standard : 1) les agriculteurs ; 2) les artisans-commerçants et chefs d'entreprise de plus de dix salariés (les « patrons ») ; 3) les cadres (dits aussi « cadres et professions intellectuelles supérieures »), qui forment l'élite du salariat (plus les professions libérales) ; 5) les employés et 6) les ouvriers, c'est-à-dire les exécutants du travail conçu comme routinier respectivement dans les services et dans l'industrie ; 4) les « professions intermédiaires », archétype des « classes moyennes », méritent leur nom et apparaissent comme une catégorie pivot entre dirigeants et routiniers, entre expertise et production standardisée. La polarisation entre cadres et ouvriers (on devrait plus généralement leur adjoindre les employés) permet de prendre la mesure de l'étendue du spectre social au sein même du salariat, entre d'une part une population relativement privilégiée de petite taille sans être rare (13 % de la population active) et d'autre part les catégories sociales les plus modestes. Moins spectaculaire que la description du gouffre qui sépare l'élite économique des victimes de l'exclusion sociale, le repérage des différences entre ces deux groupes permet de lire la banalité des inégalités structurées par des différences de ressources économiques ou de toute autre nature.

a. Alain Desrosières et Laurent Thévenot, *Les Catégories socioprofessionnelles*, La Découverte, « Repères », Paris, 2002, 5e éd.

Si l'on dispose verticalement l'opposition hiérarchie *versus* différence et horizontalement la distinction discontinuiste *versus* continuiste, différentes lectures contemporaines de la stratification sociale apparaissent.

Schéma 2. **Approches de la stratification sociale**

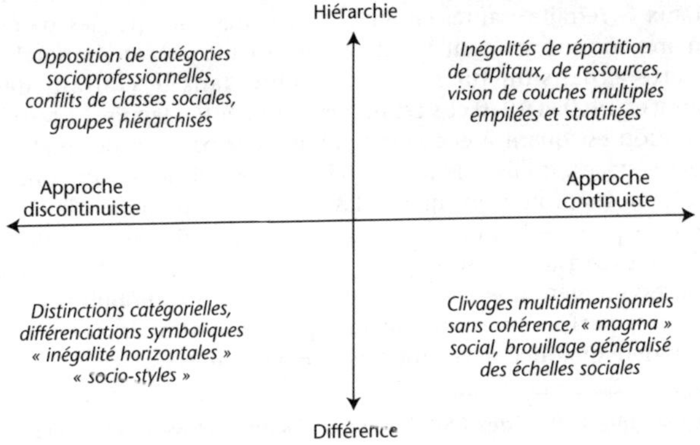

Note : les jeux de positions relatives sont figurés sur ce plan, mais les frontières entre ces approches ne sont pas réellement étanches.

Derrière ces représentations du social se dissimulent des hypothèses implicites sur la dynamique des sociétés contemporaines, en particulier celle selon laquelle des inégalités font place à la différence, ce qu'il s'agit d'expliciter plus avant à la lumière des mutations sociales contemporaines.

Les constats empiriques de la dynamique sociale

Ces différentes façons de considérer la stratification sociale ont permis de repérer des changements majeurs. L'approche en termes de CSP a permis d'émettre différents diagnostics sur le devenir de la structure sociale.

L'expansion du salariat et la tertiarisation

Au cours des Trente Glorieuses (1945-1975), époque marquée par des mutations fondamentales de l'économie et de la société française contemporaine, le déclin des professions indépendantes d'agriculteurs, artisans et commerçants, et notamment des plus modestes, est allé de pair avec l'expansion numérique des salariés dans le système productif : la salarisation. Ce changement de la démographie des emplois s'est accompagné d'une construction politique et institutionnelle des « droits salariaux » (retraite, santé, chômage, etc.) organisés par les partenaires sociaux, et dont résulte l'État-providence contemporain. Cette expansion fut surtout sensible dans le courant des années 1960 et 1970 et s'est nettement ralentie depuis. La tertiarisation est quant à elle la dynamique d'expansion des métiers des services, qu'ils soient qualifiés ou non, et de déclin concomitant des professions manuelles de l'agriculture depuis la Libération puis de l'industrie à partir du milieu des années 1970. Cette expansion du secteur des services ne correspond pas aussi nécessairement que l'on aurait pu le croire à une mobilité ascendante, parfois bien au contraire, comme c'est le cas d'une ouvrière qualifiée devenant caissière de grande surface.

Graphique 1. **Part des CSP dans la population active (1970-2005)**

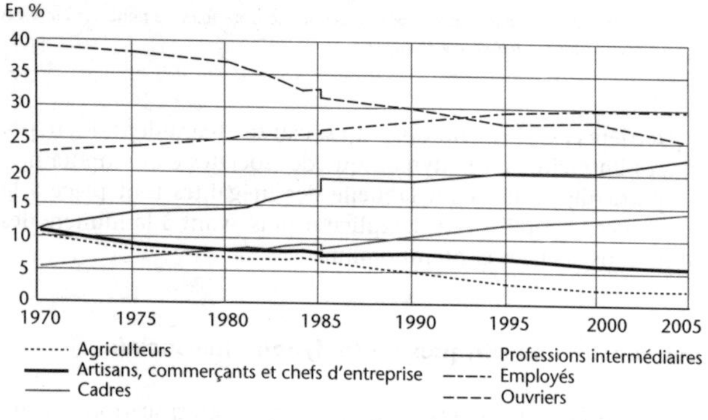

Note : les chômeurs BIT sont intégrés dans leur CS d'origine. En 1993, le principal changement opéré avec la nouvelle définition des PCS est le reclassement des contremaîtres dans la catégorie Professions intermédiaires. L'ancienne définition CSP est suivie jusqu'en 1985 et la nouvelle définition des PCS est suivie ensuite.

Source : enquêtes « Emploi » (1970-2005), Insee ; *L'état de la France 2007-2008*, La Découverte, Paris, 2007, p. 90.

La « moyennisation » et l'« aspiration vers le haut »

Un double mouvement hiérarchique a été aussi observé : d'une part, une « moyennisation », c'est-à-dire le développement des couches sociales « moyennes » ou intermédiaires, correspondant à la PCS des « professions intermédiaires » ; d'autre part, une « aspiration ou glissement vers le haut » (*upgrading*), qui qualifie le mouvement d'expansion des catégories hiérarchiques les plus élevées (de 1982 à 2004, les professeurs agrégés et certifiés ont été multipliés par trois, les vétérinaires, les avocats, les chercheurs par plus de deux, comme les ingénieurs d'étude et de recherche, les médecins sont moitié plus nombreux, etc.), d'où une vraisemblable mobilité structurelle depuis des catégories plus modestes. En effet, même dans un cas de reproduction sociale rigide, les enfants de ces catégories ne suffiraient pas à pourvoir l'ensemble des postes supplémentaires.

Si les deux premiers arguments (salarisation et tertiarisation) ne font guère débat, les diagnostics en termes de « moyennisation » et d'expansion des catégories supérieures sont de plus de plus controversés : acceptés pour les Trente Glorieuses, de tels diagnostics semblent plus difficiles à établir, ou plus complexes, depuis le milieu des années 1980 et pourraient même porter à se méprendre. Les « professions intermédiaires », cet ensemble de cadres B de la fonction publique et d'équivalents du privé, de techniciens, de travailleurs sociaux, d'infirmiers et d'instituteurs et assimilés, que l'on appelait naguère les « cadres moyens », dans la mesure où leur position n'est ni celle d'exécutants ni celle de salariés de direction ou de conception, ont longtemps été l'archétype des classes moyennes. Sans décliner, cette catégorie a connu un freinage important de sa croissance, en stock, et les flux d'entrée de jeunes ont réellement fléchi, même si elle compte maintenant plus de seniors. C'est notamment la conséquence du déclin des recrutements de titulaires de la fonction publique de près d'un tiers en vingt ans, mais pas exclusivement. Par ailleurs, depuis le début des années 1980, les salaires de ces catégories intermédiaires stagnent en moyenne et régressent pour les moins de 40 ans.

Le diagnostic d'expansion des catégories supérieures et de déclin des catégories modestes est en apparence mieux fondé lorsque l'on considère l'emploi : numériquement, les cadres sont la seule CS en nette expansion. Même pour la période récente, l'aspiration vers le haut semble fondée. Néanmoins, deux critiques y ont été opposées. D'une part, ce ne serait pas la même chose d'être cadre en 1964, lorsque la catégorie représentait 5 % de l'emploi, et en 2004, avec 14 % ; la catégorie pourrait être ainsi moins élevée parce que moins sélective que naguère, d'où une idée de « banalisation », pour ne pas parler de « prolétarisation », des cadres. D'autre part, le développement par génération de la population des cadres a connu un grand ralentissement : alors que, de la cohorte née en 1930 à celle née en 1945, la proportion de cadres dans la population a doublé, on note ensuite une quasi-stagnation pour les nouvelles générations, d'où de cruciales inégalités générationnelles qui surcodent les inégalités sociales « traditionnelles ».

Par ailleurs, la décroissance supposée des catégories populaires dissimule des phénomènes complexes : lorsque l'on additionne employés et ouvriers, c'est-à-dire les professions peu qualifiées ou routinières de l'industrie et des services, depuis 1964, ces catégories populaires représentent environ 60 % de la population, selon que l'on compte l'emploi ou la population active. Par conséquent, il n'y a pas disparition des catégories populaires, mais tertiarisation (passage des ouvriers aux employés) et développement du chômage au sein de ces catégories, ce qui ne correspond pas à une logique d'élévation dans l'échelle sociale, bien au contraire. Ainsi, l'argument de l'aspiration vers le haut est-il *a posteriori* plus complexe que dans son énoncé initial.

La « moyennisation » selon les revenus

Le débat sur la moyennisation a été relayé par l'analyse en termes de revenus : les travaux de Thomas Piketty (voir chapitre III) soulignent, au long du XXe siècle, la baisse des inégalités économiques et en particulier la modération des revenus des plus aisés. Ce resserrement des extrêmes fut essentiel dans la constitution de ce que l'on a appelé dans les années 1970 les « nouvelles classes moyennes salariées », à savoir cette population proche de la médiane des revenus, et dont le niveau de rétribution salariale intermédiaire, de l'ordre de 1 550 euros par mois pour le salaire médian, assure pour un ménage de deux actifs, un niveau de vie situé à mi-chemin entre les extrêmes. Cette classe moyenne ou « classe de revenus médians » particulièrement fournie, prise en sandwich entre des riches relativement moins riches et des pauvres moins marginalisés, fut typique de la période 1965-1984, que Mendras a appelée la « seconde révolution » française, marquée par cette « moyennisation » de la société, qui doit être comprise tout à la fois comme un processus objectif de rassemblement de la société autour des classes de revenu moyen et comme un processus de montée en puissance culturelle de nouvelles valeurs et représentations du monde typique de ces classes intermédiaires (déclin des formes traditionnelles de relations interpersonnelles, remise en cause des convenances anciennes et des hiérarchies marquées, recours à une autorité négociée et non imposée, etc.). Depuis le milieu des années 1980, cette tendance connaît une profonde inflexion, comme en atteste une modification du vocable « classes moyennes » qui fait de nouveau référence à des catégories situées très au-dessus de la moyenne. Un phénomène nouveau vient perturber à cet égard la lecture traditionnelle de la stratification sociale : au sein même des classes moyennes salariées, alors que, par le travail, il était envisageable pour les jeunes actifs des années 1970 d'être parfaitement autonomes et indépendants des parents dès l'âge de 25 ans, aujourd'hui, avec la stagnation des salaires et la hausse du coût du logement, au-delà même de l'entrée dans la vie adulte, le niveau de vie réel, le quartier d'habitation et, *in fine*, la position sociale, dépendent de plus en plus de l'existence d'un substantiel soutien familial. Pour reprendre l'opposition *achieved status* versus *ascribed status*, centrale dans la sociologie de Talcott Parsons, si le statut « acquis » par l'effort personnel perd de son importance par rapport au statut « assigné » par la famille et l'étendue des aides qu'elle peut mobiliser, c'est le projet même de la modernité qui est mis en question.

Graphique 2. **Rapport interdécile des revenus disponibles nets après impôts et par unité de consommation**

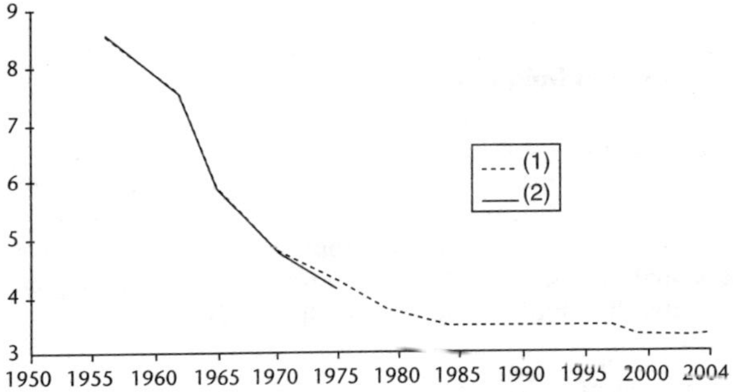

Source : estimations Louis Chauvel, 1997 (1) et Insee, *Données sociales 2002-2003* (2) actualisé.

Schéma 3. **Strobiloïde du niveau de vie**
(revenu médian = 100)

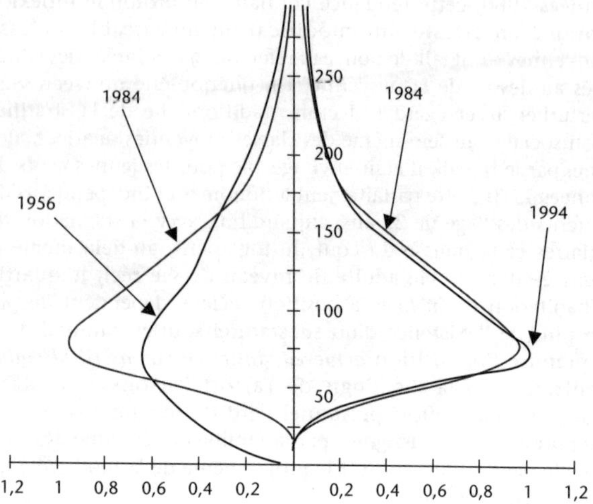

Source : Louis Chauvel, « Les inégalités au fil du temps : 1956-1994 », *in* L. Dirn, « Tendances de la société française », *Revue de l'OFCE*, n° 61, 1997, p. 201-207.

L'origine des inégalités

Quelles sont les causes de l'inégalité et de la hiérarchie qui en résulte ? Pourquoi les sociétés que nous connaissons sont avant tout des sociétés stratifiées plutôt qu'égalitaires ? Les réponses qui ont été formulées sont si nombreuses et diversifiées qu'il est difficile d'en donner une synthèse, mais de grands ensembles théoriques peuvent être distingués.

Les explications individualistes : productivité marginale ou avantages cumulatifs ?

Même si historiquement il ne s'agit pas de la première explication proposée, le raisonnement marginaliste offre une clef d'explication des inégalités : à l'équilibre sur le marché, les facteurs de production sont rétribués à la mesure de leur productivité marginale, et le patrimoine d'une part et les différents types de travail d'autre part apporteront des rétributions hétérogènes. L'inégalité économique résulterait ainsi d'une différence de talent et d'effort : c'est précisément la définition que Parsons donne au mérite. De cette façon, la stratification serait économiquement efficace et équitable tout à la fois. En réalité, l'évaluation individuelle de la productivité marginale est rarement acquise. Les processus de production étant le plus souvent collectifs et les formes de travail étant hétérogènes, comment évaluer la rétribution relative d'un commercial qui met une heure pour vendre une machine et l'ouvrier qui met 200 heures à la produire ? Une autre explication consiste dans les stratégies incitatives que les firmes mettent en œuvre pour accroître les efforts consentis par les salariés, dans un contexte où il est difficile de mesurer vraiment ce que fait chacun : si le contremaître gagne plus, ce n'est pas parce qu'il produit plus, mais parce que l'espoir d'atteindre ce salaire est une motivation pour les ouvriers souhaitant une promotion. Ainsi, dans un monde peu transparent, la hiérarchie inciterait chacun à faire plus.

Dans une tradition différente, plus sceptique à l'égard de l'efficacité intrinsèque de la hiérarchie, l'inégalité résulterait de processus dynamiques marqués par l'« effet saint Matthieu » d'avantages cumulatifs pour ceux qui en bénéficient et de handicaps cumulatifs pour les autres (« Car on donnera à celui qui a et il sera dans l'abondance, mais à celui qui n'a pas, même ce qu'il a lui sera retiré », *Évangile de Matthieu* 25, 29). Cet effet, repéré par le sociologue Robert Merton dans l'activité scientifique où les chercheurs qui ont le mieux réussi en début de carrière participent aux projets les mieux financés dans les institutions les plus prestigieuses, où ils peuvent progresser plus vite encore, s'appliquerait aussi aux autres sphères socio-économiques. Sur le cycle de vie, ceux qui débutent le mieux parviennent à défendre plus vite leurs intérêts, sont plus visibles et sollicités, et négocient ainsi leur progression dans une accélération croissante. Évidemment, il n'existe pas nécessairement de remise à zéro des avantages d'une génération à l'autre, et les héritages peuvent alors faire boule de neige. Comme le montre Thomas Piketty, seule l'imposition sur les revenus et le capital est en mesure de bloquer une boucle de croissance autoentretenue des inégalités.

Les explications collectives : l'inégalité au centre du processus de civilisation

À côté de ces modèles où l'individu est au centre des processus, des hypothèses plus collectives font du système social la source même du processus inégalitaire. Jean-Jacques Rousseau voyait l'inégalité comme une conséquence néfaste de la fin de l'état de nature et du passage à la société civile : « Le premier qui, ayant enclos un terrain, s'avisa de dire “Ceci est à moi”, et trouva des gens assez simples pour le croire, fut le vrai fondateur de la société civile [...] ; dès qu'on s'aperçut qu'il était utile à un seul d'avoir des provisions pour deux, l'égalité disparut, la propriété s'introduisit [2]. » D'une façon moins critique, les lectures évolutionnistes de l'émergence des civilisations (Jared Diamond) voient dans l'accroissement de la densité sociale, dans la complexification des formes de contrôle, de redistribution, et dans l'émergence des États l'origine de l'émergence des inégalités : alors que les bandes et les tribus (au sens anthropologique du terme) de taille modeste pouvaient assumer des structures égalitaires de contrôle politique (même si des inégalités d'âge ou de genre étaient habituelles), les chefferies et *a fortiori* les États tiennent avant tout par l'établissement d'un ordre politique qui est aussi une hiérarchie de prestige et de domination économique. Puisque, dans le processus de civilisation, les grandes sociétés à État ont détruit ou annexé les groupes humains de petite taille, le processus évolutionniste a mené à la destruction des formes égalitaires au profit des autres. Cette tradition fondée sur la critique de la propriété et du capitalisme comme systèmes collectifs pervers a connu une large postérité, notamment avec Karl Marx (1818-1883) et ses continuateurs.

Cette hypothèse est intéressante, mais elle mérite d'être nuancée : le degré d'inégalité n'est pas semblable dans toutes les sociétés et quelle que soit l'époque. Les travaux de Gösta Esping-Andersen montrent en effet la diversité des modèles institutionnels des régimes d'État-providence et les rapports aux inégalités qui en découlent. Les modèles libéraux anglo-saxons privilégient le marché et ont recours à des filets de sécurité minimaux pour les plus nécessiteux, qui sont dès lors stigmatisés : l'isolement des exclus et l'émergence d'inégalités fortes en résultent. Les modèles universalistes des pays nordiques privilégient au

---

2. Jean-Jacques Rousseau, *Discours sur l'origine et les fondements de l'inégalité parmi les hommes*, 2e partie, Gallimard, Paris, 2006 (1754).

contraire un État-providence susceptible de bénéficier à tous et fondé sur les besoins du citoyen médian : il en résulte un égalitarisme agi dans les faits que renforce le contrôle social des potentiels passagers clandestins. Les modèles corporatistes des pays d'Europe continentale privilégient quant à eux une solidarité organisée à l'échelon des professions et des groupes sociaux, créant ainsi un égalitarisme entre égaux (la solidarité des ouvriers allant aux ouvriers, celle des cadres aux cadres), avec des inégalités de degré intermédiaire mais avec une stratification sociale caractérisée par une faible porosité entre groupes sociaux. Il en découle l'idée d'un large choix collectif dans l'architecture des sociétés où la culture politique nationale d'une époque donnée est aussi déterminante que l'est la logique propre aux équilibres économiques.

Théoriser les grandes tendances

L'hypothèse de Tocqueville : le déclin des inégalités de conditions

Sur le moyen terme de quelques décennies comme sur le long terme de quelques siècles, le déclin des inégalités pourrait sembler être une évidence. La situation contemporaine pourrait apparaître comme un havre d'égalité par rapport aux époques révolues où la faim menaçait les classes populaires lorsque les titulaires des revenus les plus élevés accédaient à des niveaux de vie difficilement imaginables. S'agit-il là d'une tendance séculaire d'égalisation des conditions ?

Alexis de Tocqueville, dans *De la démocratie en Amérique*, est le premier à avoir exprimé cette hypothèse et à lui avoir proposé une explication selon une « loi d'égalisation » que l'on peut résumer ainsi : « Le désir de l'égalité devient toujours plus insatiable à mesure que l'égalité est plus grande [3]. » Tocqueville, frappé du contraste entre la société française aristocratique de 1830 et celle démocratique des États-Unis, développe l'idée d'un processus autoentretenu qui, une fois lancé, pourrait ne pas cesser avant une parfaite égalisation : « La haine que les hommes portent au privilège s'augmente à mesure que les privilèges deviennent plus rares et moins grands, de telle sorte qu'on dirait que les passions démocratiques s'enflamment davantage dans le temps même où elles trouvent le moins d'aliments. J'ai déjà

3. Alexis de Tocqueville, 1840, *op. cit.*, tome II, 2e partie, chap. XIII.

donné la raison de ce phénomène. Il n'y a pas de si grande inégalité qui blesse les regards lorsque toutes les conditions sont inégales ; tandis que la plus petite dissemblance paraît choquante au sein de l'uniformité générale ; la vue en devient plus insupportable à mesure que l'uniformité est plus complète. Il est donc naturel que l'amour de l'égalité croisse sans cesse avec l'égalité elle-même ; en le satisfaisant, on le développe [4]. »

Dès lors, suffit-il de patienter pour voir les sociétés converger vers l'égalité ? En fait, l'interprétation est plus complexe et risque d'échapper tant que nous ne distinguons pas d'une part *inégalité de condition* et d'autre part *inégalité de situation* (autrement dit, inégalités de conditions de vie, d'où les risques de confusion). D'un côté, ce sont les inégalités de droit et de statut, notamment héréditaires, et des barrières juridiques et symboliques entre les « conditions » (on parlait de la « condition noble » ou de la « condition roturière ») ; de l'autre côté, sont en jeu les inégalités économiques d'accès aux ressources, aux biens et aux services. Tocqueville s'intéressait avant tout au premier aspect, à la fin des sociétés aristocratiques, à l'extension progressive du vote censitaire et à la disparition des « inégalités permanentes des conditions », c'est-à-dire héréditaires. Les débats contemporains sur les inégalités économiques relèvent donc d'un aspect qui n'est pas directement celui du constat de Tocqueville.

Si la « loi de Tocqueville » est avérée pour l'égalité des conditions — l'extension du suffrage universel l'atteste —, l'égalité des situations semble obéir à une dynamique moins claire. Elle est plus complexe parce que la réprobation dont fait l'objet l'inégalité de situation n'est pas aussi unanime : elle pourrait être justifiée par une inégalité des talents, des mérites et de l'implication au travail (bien sûr, dans les pays les plus inégaux, ces qualités ne sont peut-être pas mieux récompensées). D'où une dynamique plus complexe, liée aux prises de position collectives changeantes devant un dilemme aussi ancien que la réflexion sur le politique : s'il est injuste de traiter également des êtres inégaux, nous ne savons pas forcément comment et dans quelle mesure traiter des êtres différents et inégaux.

---

4. Alexis de Tocqueville, 1840, *op. cit.*, tome II, 4e partie, chap. III.

Définir les classes sociales et évaluer leur devenir

Derrière ces constats se dissimule un autre débat, nettement plus conflictuel, celui qui concerne la *disparition des classes sociales*. Lorsque l'on parle de classes sociales, deux grandes traditions sont implicitement opposées, qui répondent à deux courants contraires qui traversent la sociologie. Pour forcer le trait et simplifier des oppositions que les auteurs ont généralement nuancées ou complexifiées, on peut dire que nous avons deux traditions divergentes, l'une issue de Karl Marx et l'autre de Max Weber, chacune posant une définition des classes sociales qui lui est spécifique et qui engage largement le débat théorique.

Du côté marxiste, les classes sociales sont des collectifs structurés par une position spécifique dans le système économique, définis notamment au travers de la propriété des moyens de production, marqués par un conflit central (l'exploitation) ; mais, au-delà de ces « conditions de classe », il existe une « conscience de classe », une conscience sociale de leur être collectif, de leur intérêt, de leur dynamique, qui permet de passer de la classe « en soi » à la classe « pour soi ». Cette tradition est parfois qualifiée de *holiste* (*holon*, « tout » en grec) parce qu'ici, la totalité est plus que la somme des individus, la classe existant indépendamment et au-dessus de ses membres, en leur dictant leur rôle, par-delà la créativité des individus. Prévaut donc l'idée qu'il existe des *rapports sociaux*, c'est-à-dire des conflits structurant le jeu des oppositions dans le monde social, l'inégalité n'étant pas le fait d'une société amorphe, mais de luttes sociales explicites ou implicites permanentes. « Même au moment où il n'y a pas de lutte de classes déclarée, il y a lutte de classes latente, par le fait que, dans une hiérarchie, il faut que les rangs les plus élevés maintiennent leur position, et que, d'autre part, ceux qui occupent les rangs les plus bas, se trouvant dans une situation où ils sont sous-estimés, voudraient bien s'élever dans l'échelle sociale [5]. » Dès lors, la société « tient » du fait de champs de forces contraires que les groupes en conflit engendrent, mais peut à force se déchirer. Cette tradition est qualifiée aussi de réaliste, parce que les classes sont supposées former des entités véritables et tangibles, et non pas des constructions intellectuelles.

D'un autre côté, au contraire, la tradition wébérienne suppose que les différentes classes sociales sont des groupes d'individus similaires, partageant une dynamique probable semblable (Max

5. Maurice Halbwachs, *Les Classes sociales*, CDU, Paris, 1937, p. 15.

Weber parle de *Lebenschancen* ou « chances de vie »), sans qu'ils en soient nécessairement conscients et sans nécessairement agir en commun. Ces groupes résultent moins, d'ailleurs, d'une répartition conflictuelle des moyens de production que de la division du travail où chaque groupe obéit à une fonction spécifique, dont on peut supposer qu'elle est mutuellement profitable. Ici, la classe sociale n'est pas autre chose, *a priori*, que la somme des individus (individualisme *versus* holisme) que le chercheur décide d'assembler selon ses critères propres ; ainsi, les classes sont des noms plus que des choses (nominalisme *versus* réalisme), même si, rappelle Weber, *a posteriori*, peuvent se constituer historiquement des conflits ouverts. Cette lecture est aussi la plus neutre théoriquement.

Par un curieux retournement de circonstances, on constate finalement que l'approche de Marx, très exigeante, pourrait amener à rejeter l'idée de classes sociales, faute de « conscience de classe » marquée par une conflictualité radicale. Au contraire, l'approche de Weber permet d'admettre sans difficulté la pérennité des classes sociales, la notion étant licite dès qu'existent des groupes inégaux dont les dynamiques sont différentes, comme le montre bien la statistique sociale contemporaine.

Pour sortir des apories des deux courants, lorsque l'on travaille sur l'ensemble de la sociologie des classes (et sur les auteurs qui les remettent en cause), il est possible d'élaborer une définition susceptible de donner lieu à un ensemble de critères tangibles. On pourrait parler de classes sociales pour des groupes :

— hiérarchiquement positionnés — et dotés — dans le système productif ;

— marqués par une forte identité de classe, qui pourrait avoir trois modalités distinctes étant repérables :

a. l'identité temporelle, c'est-à-dire la permanence de la catégorie, l'imperméabilité à la mobilité intra- et intergénérationnelle, l'absence de porosité aux échanges matrimoniaux avec les autres catégories (homogamie) ;

b. l'identité culturelle, c'est-à-dire le partage de références symboliques spécifiques, de modes de vie et de façons de faire permettant une interreconnaissance ;

c. l'identité collective, à savoir une capacité à agir collectivement, de façon conflictuelle, dans la sphère politique afin de faire reconnaître l'unité de la classe et ses intérêts ;

— dès lors, les aspects objectifs et subjectifs apparaissent comme deux dimensions complémentaires des classes sociales qui peuvent se compléter ou s'opposer.

Le déclin des classes sociales ?

L'idée que les classes sociales disparaissent a connu une expansion considérable en France au cours des vingt dernières années. Cette fin proviendrait :

— dans la sphère politique, de la diffusion du pouvoir (politique et syndical) au sein de l'ensemble des catégories de la population et de la déstructuration des comportements politiques selon les strates sociales ;

— dans la sphère économique, d'une part de l'augmentation du secteur tertiaire, dont les emplois ne correspondraient pour la plupart à aucun système de classe parfaitement clair, et d'autre part de la diffusion de la propriété dans toutes les couches sociales ;

— de l'élévation du niveau de vie et de consommation qui conduit à la disparition de strates de consommation nettement repérables, rendant peu vraisemblable l'intensification de la lisibilité des différences de classes.

Schéma 4. **Strobiloïde du revenu et du patrimoine**

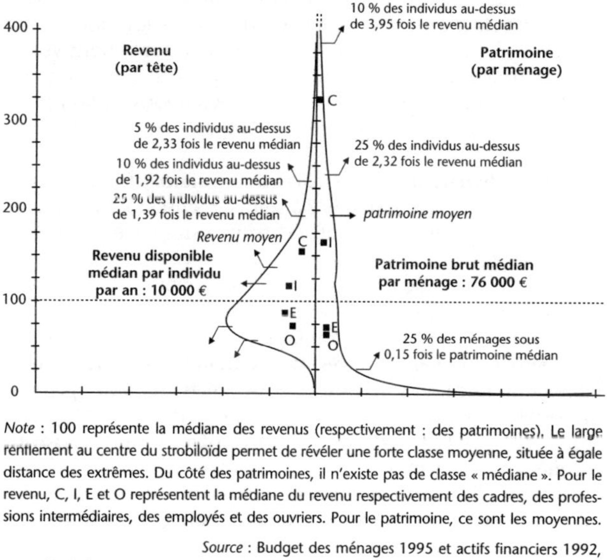

Note : 100 représente la médiane des revenus (respectivement : des patrimoines). Le large renflement au centre du strobiloïde permet de révéler une forte classe moyenne, située à égale distance des extrêmes. Du côté des patrimoines, il n'existe pas de classe « médiane ». Pour le revenu, C, I, E et O représentent la médiane du revenu respectivement des cadres, des professions intermédiaires, des employés et des ouvriers. Pour le patrimoine, ce sont les moyennes.

Source : Budget des ménages 1995 et actifs financiers 1992, réévalués pour l'année 2000 (en tenant compte de l'enrichissement et de l'inflation).

À ces arguments classiques sont venus s'en ajouter d'autres : la croissance scolaire et l'entrée des classes populaires au lycée puis à l'université, le flou croissant des échelles de salaires, la diffusion de la propriété de valeurs immobilières, la généralisation d'une culture « moyenne », la complexification induite par l'entrée massive des femmes dans le monde du travail ; l'exclusion des pauvres et la précarisation des *outsiders* pourraient prendre le pas sur les inégalités traditionnelles (les ouvriers stables étant dès lors au nombre des *insiders*) ; la multiplication de différenciations et de conflits fondés sur des enjeux symboliques, la revendication de la reconnaissance des différences religieuses, de genre, d'ordre culturel, régionalistes, ethniques ou d'orientation sexuelle ; enfin, plus généralement, dans les théories postmodernes, l'existence de « styles de vie » mouvants, choisis par les individus au gré du temps, pourrait tout autant disqualifier les approches en termes de classes. Le schéma général de ce type d'argumentation est le plus souvent une ligne causale qui va d'une baisse des inégalités économiques jusqu'à celle de la conscience de classe.

Dans une perspective de long terme, sur le demi-siècle passé, c'est une évidence, mais il convient d'en saisir les limites pour échapper aux risques du dogmatisme. Une lecture attentive des vingt dernières années montre en effet que l'on a peut-être un peu vite anticipé la permanence de ces évolutions. Si l'on passe en revue l'ensemble des indicateurs disponibles, on constatera que :

1. La « disparition » des classes populaires (employés et ouvriers) est très contestable, puisque cet ensemble représente 60 % de la population active, tout autant que dans les années 1960.

2. Même si les inégalités statiques (le rapport entre le salaire ou le revenu des classes supérieures et des classes populaires) ont diminué, les « inégalités dynamiques » (le temps de rattrapage des mieux situés par les autres) (voir encadré 2) se sont considérablement accrues du fait du ralentissement économique, qui interrompt mécaniquement l'effet d'ascenseur social que la croissance suscitait ; dès lors, des frontières que l'on croyait périmées se reconstituent.

3. Alors que la société salariale avait assis sur le salaire tout un ensemble de droits sociaux (retraite, santé, etc.), le recours accru à l'épargne et à la dépense volontaire pourrait amplifier l'effet des inégalités de patrimoine, dont on sait qu'elles sont nettement plus fortes que celles concernant le revenu ; en effet,

le rapport interdécile des salaires est de 3, d'où des inégalités de retraites « maîtrisées », alors que, pour le patrimoine, ce rapport est de 1 à 70 ; si l'on fait plus appel à la capacité d'épargne pour financer les retraites, les inégalités augmenteront (voir schéma 4).

4. Par ailleurs, alors que les sociologues postmodernes affirment que nous sommes entrés dans une ère d'abondance qui permet le libre choix des référents de consommation et de culture, on constate au contraire le maintien de très rigides frontières sociales dans l'accès aux biens les plus élaborés, puisque les cadres consacrent relativement à leur budget moitié moins en produits alimentaires de base, moitié plus en dons à d'autres ménages, deux fois plus en vacances et en livres, cinq fois plus en location automobile, quinze fois plus en aides familiales et domesticité.

5. Si la mobilité sociale structurelle s'est accrue avec la croissance des cadres et professions intermédiaires, les nouvelles générations qui connaissent une moindre expansion bénéficient de moindres progrès en la matière ; on constate en effet que les premières expériences professionnelles sont déterminantes pour l'ensemble de la carrière, et les générations qui connaissent des débuts difficiles risquent de ne pas rattraper les retards subis ; dès lors, les générations nées dans les années 1940, arrivées dans un monde du travail en expansion avec moins de 4 % de taux de chômage sur les deux premières années de la vie professionnelle, ont eu plus de chances de connaître une forte mobilité ascendante par rapport à leurs parents (nés en moyenne trente ans plus tôt et entrés dans la vie dans le marasme économique des années 1930) ; leurs enfants, nés dans les années 1970, qui ont connu jusqu'à 30 % de taux de chômage sur les deux premières années après les études, connaissent de plus forts risques de mobilité descendante.

6. Concernant la mobilité « nette », s'il existe bien un surcroît de fluidité (une moindre étanchéité des frontières entre catégories sociales), le phénomène dominant reste bien celui de la reproduction sociale où les enfants de cadres ont relativement à ceux d'ouvriers des probabilités trente fois plus importantes d'accéder à la catégorie cadre plutôt qu'à celle d'ouvrier (voir *supra* p. 21-22).

Surtout, d'un point de vue objectif, les clivages traditionnels que l'on repère entre classes se sont fort peu affaiblis au cours des décennies récentes marquées par le ralentissement économique. Pour autant, si les classes sociales semblent perdurer d'un point

Encadré 2. Les inégalités dynamiques

Les inégalités ne sont pas simplement instantanées (quel niveau de salaire, quel rang, quelle intensité des écarts ?). Elles sont aussi dynamiques : en combien de temps est-il possible d'améliorer son sort, à quel degré ?

Lors des Trente Glorieuses, le salaire réel des ouvriers croissait de 3 à 4 %. Dès lors, les classes populaires connaissaient une rapide amélioration de leur sort : en vingt ans, à 3,5 % de croissance annuelle, le salaire moyen double, et il aurait fallu une trentaine d'années pour que le salaire ouvrier rattrape celui des cadres... si celui-ci n'avait pas entre-temps changé pendant ces trente années. Évidemment, le salaire des cadres évolue lui aussi, mais plus ce temps de rattrapage est réduit, plus les catégories les plus modestes peuvent projeter leur avenir en observant les catégories situées au-dessus d'elles. Si ce temps est de l'ordre de trente ans, un jeune ouvrier peut espérer en fin de carrière avoir un revenu proche de celui des cadres qu'il voit, et un ouvrier plus âgé peut attendre pour ses enfants un sort nettement ascendant au regard du sien propre.

Dès lors que la croissance ralentit, comme c'est le cas depuis les années 1980, les inégalités dynamiques s'accroissent : avec une croissance de seulement 0,5 %, il faut cent quarante ans pour assister au doublement du pouvoir d'achat des ouvriers et deux ou trois siècles pour qu'ils rattrapent les cadres. Ce qui se faisait en une génération se fait maintenant en dix.

Alors que les inégalités statiques ont diminué (première colonne du tableau 1), le ralentissement spectaculaire des salaires (deuxième colonne) conduit à un accroissement des inégalités dynamiques (mesurées par le temps de rattrapage de la troisième colonne) tel que se renforcent des frontières entre cadres et ouvriers que l'on avait crues réduites.

Tableau 1. **Salaires et pouvoir d'achat**

	Rapport des Salaires cadres/ouvriers	**Croissance annuelle moyenne du pouvoir d'achat du salaire ouvrier au cours des cinq dernières années (en %)**	**Temps de rattrapage (en années)**
1955	3,9	4,8	29
1960	3,9	2,8	50
1965	4,0	3,5	40
1970	3,8	3,7	37
1975	3,4	3,5	36
1980	2,9	1,6	65
1985	2,7	0,3	372
1990	2,8	0,3	353
1995	2,6	0,3	316
2000	2,5	0,6	151

Lecture : en 1955, le salaire moyen des cadres est 3,9 fois plus élevé que celui des ouvriers ; de 1950 à 1955, le taux de croissance annuelle du pouvoir d'achat du salaire ouvrier était de 4,8 % par an ; en 1955, à ce rythme, le temps nécessaire pour rattraper le pouvoir d'achat du salaire des cadres de 1955 est de vingt-neuf ans.

Source : Insee, séries longues sur salaires.

de vue objectif, elles ont subjectivement peu ou prou disparu, faute de conscience collective clairement élaborée, susceptible d'animer une action construite. S'il existait naguère un « conflit central » autour de la question sociale, et en particulier de l'« exploitation » (il faut noter que l'on magnifie peut-être le passé : l'affaire Dreyfus ou la guerre de 1914-1918montrent qu'il existait naguère d'autres enjeux conflictuels que les classes), les enjeux politiques se sont considérablement diversifiés. Par conséquent, cet aspect subjectif de déstructuration de la conscience de classe est peut-être la principale dimension de cette « mort des classes sociales ». Pour autant, la conscience sociale des membres des classes populaires de se trouver en difficulté dans la société d'aujourd'hui reste vive et peut perturber profondément le système, comme le 21 avril 2002 l'a montré avec la disqualification du candidat socialiste à l'issue du premier tour des élections présidentielles au profit du Front national, le 29 mai 2006 avec le rejet du référendum constitutionnel européen, en attendant d'autres confrontations électorales.

Un avenir ouvert : la spirale des classes sociales

Dès lors, il faut concevoir que les aspects objectifs des inégalités et subjectifs des identités de classe sont deux dimensions complémentaires et distinctes. On peut représenter horizontalement l'intensité des inégalités et verticalement celle des identités (voir schéma 5). Plus une société se trouve à droite, plus elle correspond à une structure inégalitaire, et plus elle est en haut, plus elle correspond à une forte identité collective des classes sociales.

Directionnellement, nous avons ainsi quatre types repérables. En haut à droite, des inégalités fortes sont mobilisées par une conscience de classe marquée : on est en présence d'un système de classes « en soi et pour soi ». En haut à gauche, les inégalités sont affaiblies, mais la conscience de classe reste forte ; on peut faire l'hypothèse que cette situation suit des revendications sociales abouties. En bas à droite, c'est la situation inverse, où les inégalités importantes existent, sans que la conscience de ces classes apparaisse ; il s'agit typiquement d'une situation d'aliénation du prolétariat. En bas à gauche, il s'agit plutôt (à la limite) de la situation d'une société sans classe : sans inégalité ni identité.

Schéma 5. **La spirale des classes sociales**

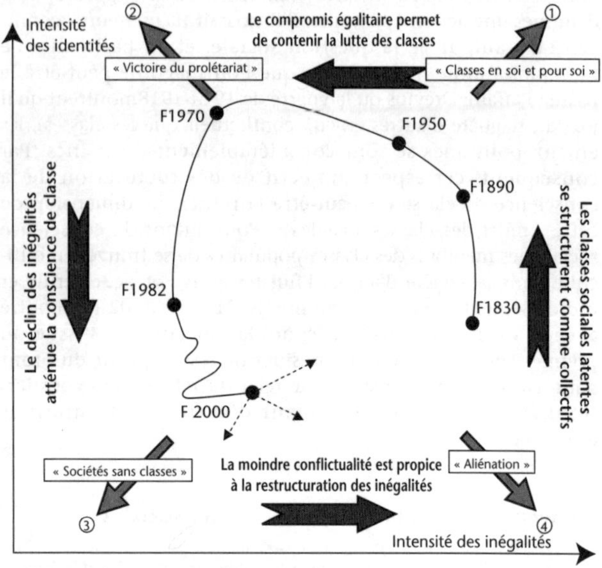

En définitive, chacun de ces pôles pourrait être instable, à des degrés divers, notamment parce qu'il faut souvent une génération pour qu'une situation sociale acquise objectivement devienne consciente. La situation de classes en lutte ① est conflictuelle et confronte au risque d'une conflagration sociale, sauf à trouver une issue négociée avec la diminution des inégalités économiques ②. Sans parler d'une égalisation parfaite des conditions, dont on n'a jamais vu d'exemple empirique, cette situation d'égalisation plus ou moins intense peut s'obtenir de deux façons, soit par la victoire politique du prolétariat soit en faisant en sorte que la bourgeoisie « lâche du lest », objectif premier des compromis de la social-démocratie. À partir de la position ①, l'issue ④ par la perte de la conscience de classe ne paraît pas très vraisemblable. L'égalisation objective des conditions de vie qui caractérise le passage de ① à ② pourrait dissoudre à terme la conscience de classe, d'où un passage ultérieur à la position ③, sauf à rejouer éternellement les mêmes commémorations officielles et les mêmes vieux mythes.

À cet instant, la difficulté est que l'on risque d'assister à un rebond des inégalités, très clair dans le cas des États-Unis, plus complexe dans le cas de la France. Si nous considérons la France, l'impression est qu'une partie de la boucle a été parcourue. Il est possible de partir du cas de la France préindustrielle de 1830, marquée par des inégalités économiques très fortes, mais où l'identité du prolétariat est encore loin d'être constituée. La suite du siècle fut bien la montée en puissance de cette identité ouvrière et l'entrée dans le jeu politique du marxisme. À partir des Trente Glorieuses et de l'édification d'un système social-démocrate, les inégalités ont été fortement régulées, sans que la conscience de classe se soit dissoute pour autant. En définitive, il faut attendre le ralentissement économique des années 1970 et 1980 pour voir s'atténuer la conscience de classe, alors que les inégalités ont cessé de diminuer. C'est là que s'éloigne le rêve de la société sans classes, parce que le discours égalitariste perd de ses soutiens, et que le discours inverse marque des points dans le débat public. La reconstitution d'inégalités plus fortes est alors en route.

Les tendances des Trente Glorieuses ont fait des classes sociales un objet sociologique dépassé, mais ces dernières décennies semblent leur redonner un contenu et des contours objectifs plus stables. La suite de l'histoire est donc très ouverte.

Repères bibliographiques

CHAUVEL L., *Le Destin des générations*, PUF, Paris, 2002, 2e éd.

CHAUVEL L., *Les Classes moyennes à la dérive*, Seuil, Paris, 2006.

DESROSIÈRES A. et THÉVENOT L., *Les Catégories socioprofessionnelles*, La Découverte, « Repères », Paris, 2002, 5e éd.

HALBWACHS M., *Les Classes sociales*, CDU, Paris, 1937.

ROUSSEAU J.-J., *Discours sur l'origine et les fondements de l'inégalité parmi les hommes*, Gallimard, Paris, 2006 (1754).

TOCQUEVILLE A. DE, *De la démocratie en Amérique*, Robert Laffont, « Bouquins », Paris, 1999 (1840).

TRÉMOULINAS A., *Sociologie des changements sociaux*, La Découverte, « Repères », Paris, 2006.

III / Les inégalités économiques sur longue période

*Thomas Piketty**

La question de l'inégalité et de la redistribution a toujours été au cœur du conflit politique, tout particulièrement dans les sociétés démocratiques, où l'égalité proclamée des droits du citoyen contraste singulièrement avec l'inégalité effective des conditions de vie.

En pratique, les désaccords sur la forme concrète et l'opportunité d'une action publique de redistribution ne sont pas nécessairement dus à des principes contradictoires de justice sociale, mais plutôt à des analyses contradictoires des mécanismes économiques et sociaux qui produisent les inégalités. Il existe en effet un certain consensus sur plusieurs principes fondamentaux de justice sociale. Si l'inégalité des conditions de vie est due, au moins en partie, à des facteurs que les individus ne contrôlent pas, comme l'inégalité des dotations initiales transmises par la famille (héritage, capital culturel...) ou par la bonne fortune (dons particuliers, chance...), ce dont les individus ne peuvent être tenus responsables, alors il est juste que l'État cherche à améliorer de la façon la plus efficace possible le sort des personnes les plus défavorisées, c'est-à-dire de celles qui ont eu à faire face aux facteurs non contrôlables les plus défavorables (ceux qui n'ont eu aucun héritage, qui n'ont pas eu de chance, etc.). Les théories modernes de la justice ont exprimé cette idée sous la forme du principe du « maximin », selon lequel la société juste doit chercher à accroître autant que possible les opportunités et conditions de vie minimales offertes par le système

* Thomas Piketty est directeur d'études à l'EHESS et directeur de l'École d'économie de Paris (PSE).

social, principe développé notamment dans les travaux de John Rawls (1921-2002). Mais on la retrouve également sous des formes explicites beaucoup plus anciennes, comme avec la notion traditionnelle selon laquelle des droits égaux aussi étendus que possible (droit à l'éducation, droit à un travail et à un revenu décents...) doivent être accordés à tous, notion très largement acceptée à un niveau théorique.

Le véritable conflit porte souvent davantage sur la façon la plus efficace de faire progresser réellement les conditions de vie des plus défavorisés et sur l'étendue des droits sociaux qu'il est possible d'accorder à tous que sur les principes abstraits de justice sociale. Par exemple, les différences de points de vue au sujet de la redistribution des patrimoines s'expliquent souvent par le fait que certains considèrent que de fortes inégalités de fortunes sont nécessaires pour la croissance et bénéfiques à long terme pour l'ensemble de la société (y compris pour les plus pauvres), alors que d'autres sont moins convaincus par cette affirmation. Pour faire progresser cette question, il est plus prometteur de mobiliser les connaissances économiques, sociologiques et historiques dont nous disposons concernant l'évolution des inégalités face au capital que de débattre de principes théoriques abstraits. De même, pour décider dans quelle mesure il est plus efficace de concentrer les moyens financiers sur la réduction de l'inégalité des chances (notamment face à l'école) ou bien sur l'égalisation *a posteriori* des conditions de vie (grâce à l'impôt progressif et aux transferts), il faut commencer par analyser les processus économiques et sociaux qui produisent ces inégalités et la réalité pratique de ces politiques. Nous verrons également que, pour déterminer le niveau souhaitable d'égalisation des revenus (par exemple, quel est le montant idéal du RMI ?), il est indispensable d'étudier les inégalités dans le long terme : la fin des rentiers, les conséquences de la redistribution sur les incitations au travail.

L'inégalité capital/travail

L'inégalité séparant les détenteurs de patrimoine de ceux qui n'ont hérité que de leur force de travail est la plus criante et la plus difficile à accepter des inégalités sociales. Il n'est donc pas étonnant que les critiques les plus virulentes du capitalisme se soient pendant longtemps concentrées sur cette opposition capital/travail, notamment depuis les travaux de Karl Marx

(1818-1883). Cette inégalité fondamentale est également celle qui a le plus clairement diminué au cours du XXe siècle, et les facteurs politiques ont joué un rôle certain dans cette évolution favorable. On aurait tort cependant de voir dans cette évolution l'aboutissement logique et irréversible de la démocratie : elle est liée au contraire à des circonstances bien particulières, et un retour aux inégalités du XIXe siècle est parfaitement possible.

Les inégalités dans le long terme : la fin des rentiers

Si l'on examine l'évolution des inégalités de revenu et de patrimoine sur l'ensemble du XXe siècle, la transformation la plus importante concerne la fin des rentiers. À la veille de la Première Guerre mondiale, le sommet de la hiérarchie des revenus était dominé par des revenus de patrimoine extrêmement concentrés, et leur poids dans l'économie nationale était considérable. Ce groupe social a beaucoup perdu de sa superbe au cours du XXe siècle. En France, la part des 1 % des revenus les plus élevés (le « centile supérieur » de la distribution) est ainsi passée de plus de 20 % du revenu total des 39 ménages en 1900-1910 à environ 7-8 % en 2000. Surtout, le nombre de personnes disposant de revenus de patrimoine suffisamment importants pour pouvoir se permettre d'en vivre a fortement diminué. Concrètement, cela signifie que si aujourd'hui vous rencontrez par hasard quelqu'un qui dispose de 8 000 euros de revenu mensuel (ce qui correspond au seuil d'entrée dans le centile supérieur de la hiérarchie des revenus), il y a toutes les chances qu'il s'agisse d'un cadre supérieur tirant l'essentiel de ses ressources de son salaire, avec éventuellement un petit supplément de revenu provenant de la location d'un appartement ou d'un placement financier. Il est fort peu probable que vous rencontriez quelqu'un percevant l'essentiel de ses 8 000 euros mensuels sous forme de loyers ou de dividendes, tout simplement parce qu'il existe très peu de personnes dans cette situation. Si vous aviez pu mener cette expérience il y a un siècle, le résultat aurait été exactement inverse : avec un revenu équivalent (relativement au revenu moyen de l'époque), vous auriez sans doute eu affaire à un détenteur de patrimoine vivant de ses rentes. Pour simplifier, on peut dire que nous sommes passés d'une « société de rentiers » à une « société de cadres ».

Cette transformation n'est pas due à la disparition des revenus de patrimoine. En réalité, au niveau macroéconomique, les

Graphique 1. **Une diminution des inégalités de revenus en France au XXe siècle…**

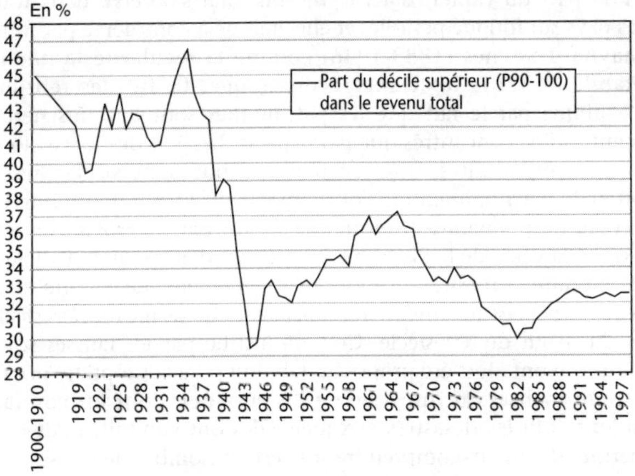

Source : Thomas Piketty, *Les Hauts Revenus en France au XXe siècle*, Grasset, Paris, 2001, annexe B, tableau B-14.

Graphique 2… **qui s'explique par l'effondrement des rentiers du centile supérieur au cours des années 1914-1945**

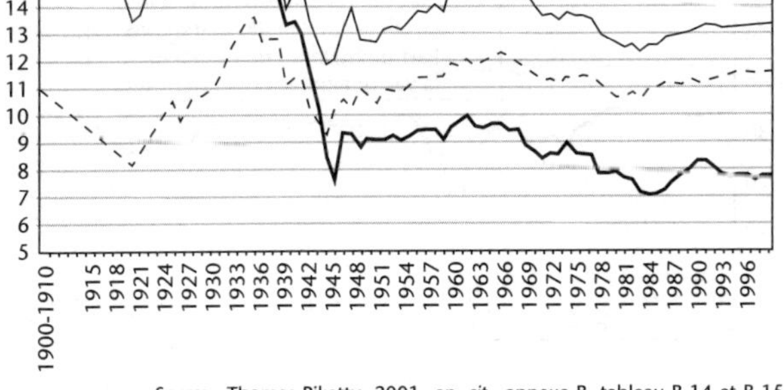

Source : Thomas Piketty, 2001, *op. cit.*, annexe B, tableau B-14 et B-15.

revenus du capital représentent la même part du revenu national aujourd'hui qu'il y a un siècle. Cette stabilité macroéconomique de la part du capital dans le revenu total s'observe dans tous les pays sur longue période, et elle était déjà considérée par John Maynard Keynes (1883-1946) comme la régularité la mieux établie de toute la science économique. La fin des rentiers s'explique par le fait que les patrimoines sont devenus nettement moins concentrés que par le passé. Les 1 % des successions les plus importantes représentaient au début du XXe siècle plus de 50 % du patrimoine total, contre moins de 20 % aujourd'hui. Le niveau proprement astronomique atteint par les grosses successions à la veille de la Première Guerre mondiale permet d'ailleurs de prendre la mesure du monde extrêmement inégalitaire dans lequel vivaient les théoriciens socialistes de la fin du XIXe siècle et du début du XXe siècle. Cela ne justifie pas les fausses solutions qui ont alors été proposées (abolition de la propriété privée et nationalisation intégrale de l'économie), dont on connaît aujourd'hui les désastres auxquels elles ont conduit, mais cela permet de mieux comprendre un certain nombre de choses.

Graphique 3. **L'effondrement des rentiers ne s'explique pas par la disparition des revenus du capital, dont l'importance est restée stable au niveau macroéconomique...**

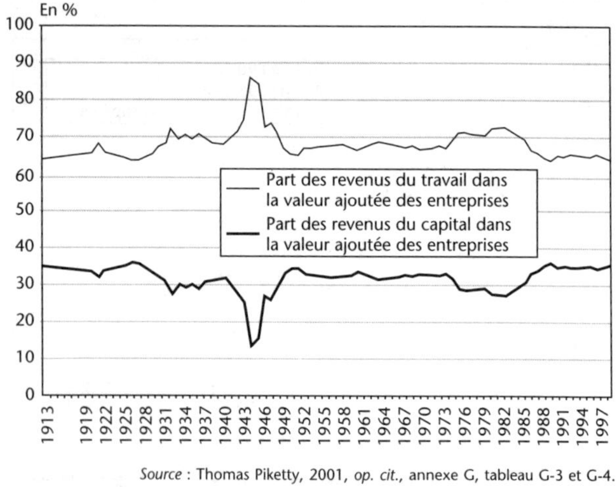

Source : Thomas Piketty, 2001, *op. cit.*, annexe G, tableau G-3 et G-4.

Graphique 4… **mais par le fait que la concentration des patrimoines n'a jamais retrouvé le niveau astronomique du début du XXe siècle…**

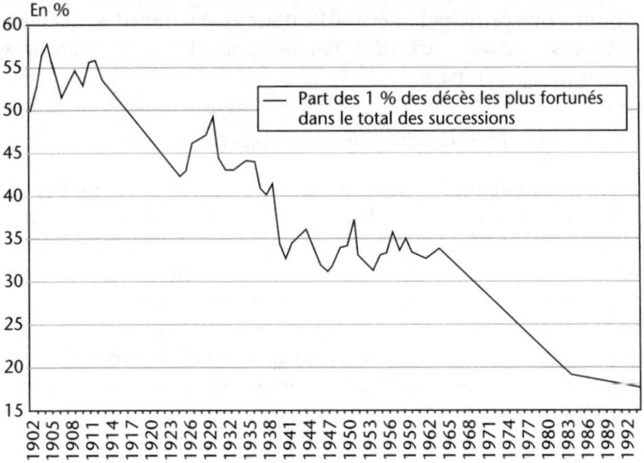

Source : Thomas Piketty, 2001, *op. cit.*, annexe J, tableau J-11.

On pourrait certes faire remarquer que les rentiers, même au temps de leur grandeur, n'ont jamais représenté plus que quelques pour-cent de la population, et que leur quasi-disparition n'a donc qu'une importance relative. Mais ce serait là commettre une erreur de perspective. Le centile supérieur de la distribution des revenus regroupe tout de même plus de 300 000 foyers (sur un total de plus de 30 millions), ce qui représente un groupe suffisamment visible dans le paysage social, sans compter que leur poids économique est très supérieur à 1 %. Pour prendre un point de comparaison, on peut rappeler que l'aristocratie ne représentait en 1789 qu'entre 1 et 2 % de la population française. Il n'empêche que le passage d'une société aristocratique à une société bourgeoise a totalement restructuré le corps social et les perceptions des inégalités. Le passage d'une société de rentiers à une société de cadres au cours du XXe siècle représente un bouleversement d'une importance comparable. Le fait que les personnes vivant de revenus de patrimoines accumulés dans le passé n'aient plus aujourd'hui qu'une importance symbolique et ne constituent plus un groupe social en tant que tel explique dans une large mesure pourquoi le capitalisme ne connaît plus les contestations radicales exprimées il y a un siècle. La fin des rentiers a fortement contribué à légitimer les inégalités et à les rendre moins inacceptables : les inégalités passent aujourd'hui principalement à l'intérieur du travail et peuvent être plus aisément justifiées par des considérations méritocratiques que par le passé.

L'explication : les chocs des guerres et l'impôt progressif

Comment rendre compte de la fin des rentiers ? Une théorie optimiste consisterait à voir dans cette transformation la conséquence d'une évolution économique naturelle : les évolutions technologiques et organisationnelles des entreprises auraient progressivement conduit au remplacement des actionnaires bedonnants par des cadres compétents. C'est la marche en avant vers la rationalité technicienne qui aurait inexorablement conduit à une société plus juste et moins soucieuse des positions héritées du passé.

Graphique 5... **ce qui s'explique notamment par l'apparition de l'impôt progressif sur le revenu et les successions**

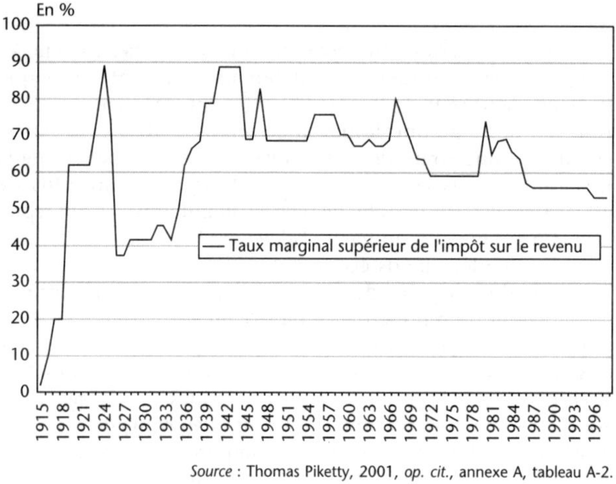

Source : Thomas Piketty, 2001, *op. cit.*, annexe A, tableau A-2.

Malheureusement, rien dans les faits observés ne permet ne conforter cette vision optimiste. En réalité, la fin des rentiers s'explique pour l'essentiel par les chocs profonds subis par les détenteurs de patrimoines au cours des années 1914-1945 : destructions physiques de capital lors des deux guerres mondiales, faillites d'entreprises durant la crise économique des années 1930, élagage des patrimoines par l'inflation. Et, si les rentiers ne se sont jamais complètement remis de ces chocs, en dépit du fait que les patrimoines et leurs revenus se sont parfaitement reconstitués au niveau macroéconomique, l'explication la plus vraisemblable est sans aucun doute l'arrivée sur la scène de la fiscalité progressive. Il n'existait pas d'impôt sur le revenu avant 1914, et le taux de l'impôt sur les successions n'était que de 1 % tout au long du XIXe siècle. Il s'agissait donc de conditions idéales pour accumuler des fortunes considérables. Après la Première Guerre mondiale, les taux de l'impôt sur le revenu et de l'impôt sur les successions atteignent des niveaux extrêmement élevés pour les contribuables les plus fortunés, et il devient très difficile de reconstituer et de transmettre des patrimoines aussi importants que par le passé, si bien que la concentration des fortunes ne peut retrouver son niveau d'avant 1914.

Un retour aux inégalités du XIXe siècle est-il possible ?

La fin des rentiers est donc due à des circonstances historiques particulières et à des institutions spécifiques. Si ces circonstances changent et si l'on revient à une fiscalité du XIXe siècle, alors il est fort probable que l'on revienne à des inégalités du XIXe siècle. L'histoire montre que l'impôt progressif, tel qu'il s'est appliqué au XXe siècle, n'est pas la conséquence mécanique de la démocratie politique. Ce sont les chocs financiers et idéologiques des années 1914-1945 qui ont conduit des gouvernements souvent hostiles à mettre en place une fiscalité fortement progressive. Le passage à une société plus juste n'était pas inscrit dans la marche vers la rationalité technicienne, et il ne l'était pas davantage dans l'avènement du suffrage universel.

De fait, à l'aube du XXIe siècle, plusieurs facteurs contribuent à remettre en cause le compromis fiscal du siècle précédent. La faillite du communisme a jeté le discrédit sur l'intervention de l'État dans l'économie en général, y compris sur les formes d'interventions publiques qui ont relativement bien fonctionné. Ce retournement idéologique est particulièrement marqué aux États-Unis. Après avoir fortement abaissé l'impôt sur le revenu pour les contribuables aisés, le président Bush a décidé en 2002 de supprimer purement et simplement l'impôt sur les successions, impôt qui avait vu le jour en 1916 outre-Atlantique et qui avait longtemps été plus progressif que son équivalent français. La mondialisation et la concurrence fiscale croissante que se livrent les États pour attirer les investissements accentuent cette évolution et contribuent à la propager en Europe, dès lors que la politique fiscale continue d'être déterminée à l'échelon national. Si un tel mouvement devait se confirmer, il serait fort étonnant que l'on ne voie pas réapparaître à terme une classe de rentiers.

L'expérience du XXe siècle montre également que la très forte inégalité des fortunes qui avait cours avant 1914 n'était de toute évidence pas nécessaire pour la croissance et le dynamisme économique : la réduction structurelle de la concentration des patrimoines qui a eu lieu entre 1914 et 1945 n'a pas conduit à un tassement de la croissance, bien au contraire. Cette expérience est certes insuffisante pour déterminer avec précision le degré optimal de dispersion des fortunes dans la société juste. Mais elle montre de façon claire qu'efficacité et égalité ne sont pas toujours des objectifs contradictoires. Lorsque la concentration de la richesse dépasse certaines limites, la redistribution n'est pas seulement souhaitable pour des raisons de justice sociale, mais également du point de vue de l'efficacité économique.

Les inégalités face au travail

Si le XXe siècle a permis une réduction significative de l'inégalité capital/travail, il n'en a pas été de même des inégalités face au travail, qui n'ont pas véritablement diminué sur longue période. En particulier, par-delà les fluctuations de court terme, les hiérarchies salariales sont restées extrêmement stables dans le long terme. Cette stabilité doit sans doute être mise en parallèle avec la permanence des écarts de formations et de qualifications, et avec le fait que la réduction de ces écarts constitue un défi autrement plus ardu que la fin des rentiers.

La permanence des inégalités de salaires

L'histoire de l'inégalité des salaires n'est pas un long fleuve tranquille. Que l'on utilise des indicateurs comme la part des hauts salaires (décile supérieur, centile supérieur, etc.) dans la masse salariale totale ou comme le rapport entre le décile le plus élevé et le décile le plus bas de la distribution, on observe une longue alternance de phases d'élargissement et de compression de la hiérarchie, au gré des ruptures économiques et politiques et de l'histoire propre à chaque pays. En France, la hiérarchie des salaires s'est comprimée pendant la Première Guerre mondiale, redressée pendant les années 1920, comprimée de nouveau pendant la Seconde Guerre mondiale, avant de s'élargir de façon significative de 1945 à 1968, date à partir de laquelle de forts relèvements du salaire minimum conduisent à une réduction sensible de la dispersion des salaires ; cette phase de compression s'interrompt en 1982-1983 avec le blocage des salaires (entre 1968 et 1983, le pouvoir d'achat du Smic a progressé de 130 %, soit trois fois plus vite que le PIB !) et a été suivie dans les années 1980-1990 par un léger élargissement de la hiérarchie (l'élargissement serait plus marqué si l'on prenait en compte le nombre croissant de salariés exclus du marché du travail). Mais le phénomène le plus frappant est que chacune de ces phases a eu tendance à compenser les effets de la précédente, si bien que l'on n'observe aucune tendance claire sur longue période. Par exemple, la part des 10 % des salariés les mieux rémunérés (le décile supérieur de la hiérarchie des salaires) a oscillé aux alentours de 25-28 % de la masse salariale tout au long du XXe siècle, sans *trend* de long terme, ni à la hausse ni à la baisse. Il en va de même des autres indicateurs : la part des 10 % des salariés les moins bien rémunérés (le décile inférieur) a toujours gravité autour de 4-5 %, la part des 1 % les mieux payés (le centile supérieur) autour de 6-7 %, etc.

Cette stabilité confirme tout d'abord que la chute de la part des hauts revenus dans le revenu total s'explique exclusivement par les chocs subis par les hauts revenus du capital et ne correspond nullement à un phénomène plus général de réduction des inégalités. Le pouvoir d'achat des salaires a été multiplié par cinq au cours du XXe siècle, mais la hiérarchie n'a pas changé. Les ouvriers agricoles et les domestiques, qui il y a un siècle constituaient la masse des salariés les moins bien rémunérés, ont quasiment disparu, mais la dispersion des salaires n'a pas diminué pour autant, contrairement aux prédictions de Simon Kuznets (1901-1985). Dans les années 1950, ce dernier avait défendu l'idée selon laquelle les transferts de main-d'œuvre du secteur rural vers le secteur urbain permettraient une réduction spontanée des inégalités dans les phases avancées du développement industriel. En réalité, les salariés ruraux ont été

Graphique 6. **La hiérarchie des salaires n'a guère changé sur longue période**

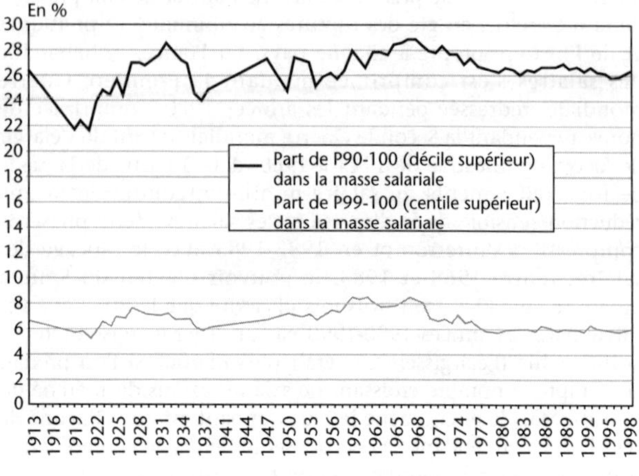

Source : Thomas Piketty, 2001, *op. cit.*, annexe D, tableau D-7 et D-16.

remplacés en bas de la distribution par des salariés urbains (caissières de supermarché, serveurs de restaurant, etc.), et les inégalités sont restées stables.

Cette stabilité montre également que le salariat a toujours constitué un monde fortement stratifié, bien avant que l'on ne se mette à le décrire comme tel. En particulier, les cadres ou, plus généralement, les salariés à hauts salaires ont toujours existé et n'ont pas attendu pour cela qu'on invente une catégorie socioprofessionnelle (CSP) permettant de leur donner un nom. C'est l'effondrement des rentiers qui a rendu les cadres plus visibles et qui a contribué à rendre plus pressante la nécessité de nommer le nouveau sommet la pyramide sociale. De fait, il est frappant de constater que le recensement de 1946, marqué par l'abandon de la catégorie des « rentiers » (utilisée dans tous les recensements précédents), est également celui où l'on utilise pour la première fois la CSP « cadres » (auparavant, les salariés étaient uniquement classés comme « ouvriers » ou « employés »).

D'un point de vue méthodologique, il est également important d'attirer l'attention sur les erreurs d'appréciation que peut induire un recours trop exclusif aux CSP pour mesurer les inégalités et leur évolution. Par exemple, on constate toujours, en France comme dans tous les pays, une réduction substantielle du rapport entre le salaire moyen des cadres et celui des ouvriers sur longue période, en dépit du fait que l'écart entre les 10 % des salariés les mieux payés et les 10 % les moins bien payés (ou entre les 1 % les mieux payés et les 1 % les moins payés, etc.) est globalement stable. Ce paradoxe s'explique simplement par le fait que les effectifs de la CSP des cadres augmentent régulièrement au cours du temps (alors que le nombre d'ouvriers diminue depuis les années 1970), si bien que l'évolution du rapport entre les salaires moyens de ces deux groupes est artificiellement tirée vers le bas (le cadre « moyen » devenant de moins en moins supérieur). On retrouve le même biais de composition lorsque l'on étudie l'évolution des inégalités des taux de réussite scolaire, des espérances de vie, etc. La seule façon d'éviter ce type de biais est d'étudier des groupes dont les effectifs et la représentativité sociale restent stables au cours du temps, c'est-à-dire des déciles, centiles et autres fractiles. Cela n'implique évidemment pas qu'il faille se priver de cette précieuse source d'information que sont les CSP. L'idéal est sans doute de croiser les approches, en mesurant les inégalités en termes de fractiles de la hiérarchie sociale, tout en étudiant la composition des différents fractiles en termes de CSP.

Égalité et équité : le cas de l'école

Comment expliquer que les inégalités face au travail, notamment en termes de rémunération, ne se soient pas véritablement réduites au XXe siècle ? Ce résultat décevant s'explique sans doute en partie par le fait que l'inégalité capital/travail a d'une certaine façon monopolisé l'attention. En particulier, les inégalités entre travailleurs ont toujours tenu une place limitée dans les discours socialistes, qui ont pendant longtemps insisté sur le fait que les salariés formaient un groupe homogène, tout au moins par opposition à tout ce qui les sépare des détenteurs du capital.

Il existe toutefois des explications plus profondes. Si les inégalités face au travail sont restées stables, c'est d'abord du fait de la permanence des écarts de formations et de qualifications. Le développement de l'enseignement secondaire et supérieur a certes permis une élévation considérable des niveaux de formation au cours du XXe siècle. Mais il n'a pas mis fin à la stratification scolaire, bien au contraire. Grâce à la démocratisation de l'école, les enfants des travailleurs ruraux tout juste titulaires du certificat d'études primaires sont passés au niveau du brevet des collèges. Mais, pendant ce temps-là, ceux qui étaient déjà au niveau du brevet des collèges sont passés au niveau du bac, ceux qui étaient au bac sont passés à bac + 5, etc., si bien que la hiérarchie et l'ampleur des écarts entre les groupes ne se sont pas véritablement réduites. De multiples travaux ont par exemple montré que le recrutement des grandes écoles ne s'était guère démocratisé au cours du siècle écoulé. Pour réduire les inégalités éducatives, la profession de foi républicaine en défense de l'école obligatoire et gratuite ne suffit pas. L'inégalité des chances scolaires se transmet au sein de chaque famille, en fonction des lectures, des attentes, des réseaux offerts par les parents. Il est nettement plus difficile de réduire l'inégalité du capital humain que l'inégalité du capital physique.

C'est dans ce contexte que s'est développé le débat entre égalité et équité des politiques éducatives. Pour les tenants de l'*affirmative action* (la discrimination positive), l'égalité des moyens éducatifs offerts à chacun (la même école publique gratuite pour tous) ne suffit pas : pour contrecarrer les effets de la transmission intergénérationnelle des inégalités scolaires, l'équité exige que l'école donne plus à ceux qui ont moins dans leur famille d'origine. En France, les tenants de l'égalité républicaine considèrent au contraire que le principe d'équité risque d'aboutir à la stigmatisation de certains groupes sociaux ou communautés, désignés publiquement comme inférieurs et nécessitant des ressources supérieures pour réussir.

En pratique, plusieurs types de politiques d'*affirmative action* méritent d'être distingués. La forme la plus extrême est la politique des quotas. De nombreuses universités américaines ont ainsi développé depuis les années 1970 des systèmes de quotas pour les étudiants originaires de minorités ethniques (en particulier pour les étudiants noirs) ou encore des systèmes permettant de donner un certain nombre de points d'avance à ces étudiants dans les examens d'admission à l'université. À une échelle plus réduite, un dispositif préférentiel a été introduit en 2002 par Sciences Po pour attirer des lycéens issus de banlieues défavorisées, provoquant un vif débat en France. Il ne fait pourtant aucun doute que des politiques aussi volontaristes peuvent être nécessaires dans certains cas, notamment lorsqu'il s'agit de lutter contre les pratiques discriminatoires subies par tel ou tel groupe, par exemple de la part des employeurs (ce qui peut avoir eu pour effet de décourager les personnes en question d'entreprendre des études supérieures).

En l'absence de pratiques discriminatoires caractérisées, il est généralement plus adapté d'utiliser des formes d'*affirmative action* moins extrêmes que les quotas, comme par exemple des financements plus importants pour les écoles ou les élèves les plus défavorisés. L'exemple typique de telles politiques est celui des ZEP (zones d'éducation prioritaires) en France. Le principe est que les établissements classés en ZEP reçoivent des ressources supplémentaires (effectifs plus réduits dans chaque classe, primes pour les enseignants, etc.). En pratique cependant, ces ressources supplémentaires sont d'un montant insuffisant et ne permettent absolument pas de compenser l'énorme déficit de moyens dont souffrent au départ les établissements les moins bien dotés. D'une part, le financement des écoles dépend non seulement de l'État (qui en principe égalise les ressources sur le territoire), mais également des collectivités territoriales (communes, départements, régions), notamment pour ce qui concerne les infrastructures, ce qui peut engendrer des inégalités importantes entre écoles. D'autre part et surtout, les établissements des banlieues défavorisées disposent dans la réalité des faits de moyens plus faibles que les autres en termes de personnel enseignant (en dépit du fait que les enseignants sont pris en charge par l'État et devraient donc en principe être répartis de façon égalitaire), dans la mesure où ils doivent souvent se contenter de vacataires au statut précaire et de professeurs peu expérimentés, pour la bonne et simple raison que les enseignants qui ont suffisamment de points pour être mutés fuient ces établissements (les primes offertes en ZEP sont nettement trop faibles pour espérer pouvoir contrebalancer cet effet massif). En France actuellement, les élèves socialement les moins favorisés bénéficient généralement de financements publics effectifs pour leur éducation inférieurs à ceux dont bénéficient les élèves les plus favorisés. De ce point de vue, le débat entre égalité et équité apparaît un peu académique : avant d'envisager de donner plus à ceux qui ont moins, ce ne serait déjà pas si mal de parvenir à leur donner autant...

Cette situation est d'autant plus regrettable que, même si les moyens financiers derniers étaient répartis de façon égalitaire, les élèves issus de milieux défavorisés continueraient de faire face à une inégalité fondamentale, liée au fait qu'ils auraient plus de chances d'avoir dans leur classe une forte proportion d'élèves issus du même milieu qu'eux. Or de nombreuses études montrent que ces *peer effects* (comme les appellent les sociologues et économistes anglo-saxons), c'est-à-dire les effets sur sa propre réussite scolaire de la réussite et du niveau moyen de ses pairs, comptent souvent beaucoup plus que la qualité des enseignants, le nombre d'élèves par classe, etc. Pour contrecarrer les « effets de pairs », il faudrait que les politiques de logement assurent une certaine mixité sociale entre les quartiers, ou encore que la carte scolaire garantisse de façon volontariste la mixité sociale des établissements, en transportant vers les écoles des quartiers riches une partie des élèves des quartiers pauvres (et inversement), à la manière des politiques de *busing* (du nom des bus servant à transporter les élèves) expérimentées aux États-Unis dans les années 1960-1970 pour lutter contre la ségrégation raciale. La difficulté centrale rencontrée en pratique par ces politiques est l'extraordinaire résistance des parents de milieux favorisés, qui sont souvent prêts à tout, du déménagement au contournement de la carte scolaire, pour garantir à leur enfant le meilleur environnement social possible, quelles que soient les conséquences pour les élèves de milieux défavorisés. Il est vrai que la décision prise par des parents individuels donnés a un impact imperceptible sur le reste des élèves et un impact certain sur son propre enfant, si bien qu'il est tentant de faire le choix de l'intérêt de ce dernier, surtout si l'on suspecte les autres de faire de même. Il s'agit d'un exemple typique où la mise en place de la société juste se heurte à un problème presque insurmontable de coordination : il est fort possible que chacun préférerait que l'on s'engage collectivement pour la mixité sociale, mais soit incapable de respecter individuellement cet engagement.

Égalité des chances et égalité des conditions de vie

Pour combattre les inégalités professionnelles, il est évidemment préférable de s'attaquer aux racines mêmes de l'injustice, c'est-à-dire aux disparités de qualifications et à l'inégalité des chances, notamment face à l'école. Malheureusement, il n'est généralement pas possible de faire disparaître complètement l'inégalité des chances. Dans ces conditions, il est juste de chercher à limiter l'inégalité des conditions de vie découlant de l'inégalité des chances, grâce en particulier à des systèmes d'impôts et de transferts, l'impôt payé par les salaires élevés permettant de financer des transferts pour les salaires faibles, par exemple sous la forme d'un RMI ou d'un impôt négatif.

La réduction de l'inégalité des conditions de vie au moyen d'impôts et transferts joue également un rôle d'assurance sociale.

Les inégalités face au travail sont en effet déterminées par bien d'autres facteurs que les écarts de formation initiale : elles dépendent des aléas de la trajectoire professionnelle, du hasard des rencontres, etc., facteurs qui sont autant de risques du point de vue des individus. En allouant des transferts aux personnes victimes de chocs négatifs, financés par des impôts acquittés en cas de choc positif, la redistribution permet de limiter les conséquences de ces risques. L'égalité des chances et l'égalité des conditions de vie sont de ce point de vue des objectifs complémentaires et non pas substituables, et il serait donc vain de les opposer.

Toute la question est de savoir jusqu'où on doit aller dans l'égalisation des conditions de vie. Il ne fait aucun doute que l'égalisation complète n'est pas un objectif souhaitable. Si tous les revenus étaient taxés à un taux de 100 % et redistribués intégralement sous forme d'un transfert forfaitaire égal pour tous, indépendamment du salaire obtenu par les uns et les autres, alors les incitations monétaires au travail seraient tellement faibles que le niveau du transfert en question serait dérisoire. Dans la logique du maximin rawlsien, un objectif *a priori* raisonnable consisterait à poursuivre l'égalisation des conditions de vie jusqu'à ce que cela cesse d'être dans l'intérêt des plus défavorisés. Autrement dit, l'inégalité juste est celle qui permet de financer le revenu minimum (ou *basic income*) le plus élevé possible.

Cet objectif d'inspiration rawlsienne a parfois été critiqué au motif qu'il légitimait par avance l'idée qu'il puisse exister des inégalités justes. En réalité, il s'agit d'un principe extrêmement exigeant (pour justifier une inégalité, il faut démontrer qu'elle est dans l'intérêt des plus pauvres) et son application stricte conduirait selon toute vraisemblance à une augmentation importante des transferts redistributifs. Il existe certes de très grandes incertitudes quant au montant maximum des transferts qu'il est possible de financer, et il serait naïf de prétendre pouvoir apporter une réponse parfaitement « scientifique » à cette question, qui fait d'ailleurs l'objet de profonds conflits politiques. Tout dépend en pratique de ce que les économistes appellent l'élasticité de l'offre de travail : dans quelle mesure une augmentation du taux d'imposition conduit-elle à une baisse importante de la quantité de travail fournie par les contribuables ? Si les revenus et trajectoires professionnelles individuels dépendent avant tout de déterminismes sociaux et de choix non monétaires des individus, alors l'élasticité de l'offre de travail est faible et on peut financer sans risque une redistribution importante. Inversement, si les actions individuelles et les choix monétaires jouent un rôle essentiel dans la génération des inégalités, alors l'élasticité est forte et la redistribution a tout intérêt à être d'une ampleur limitée. Ce paramètre d'apparence faussement technique est difficile à estimer avec précision, mais on peut toutefois noter que la plupart des études disponibles suggèrent que l'élasticité de l'offre de travail est suffisamment faible pour qu'il soit possible de financer un revenu minimum plus élevé que celui actuellement en vigueur dans un pays comme la France.

L'objectif de maximisation du revenu minimum se heurte également à une critique d'une autre nature. Les titulaires du revenu minimum sont-ils systématiquement les personnes les plus défavorisées de la société (c'est-à-dire, rappelons-le, celles qui ont été le moins bien dotées par leur famille et la bonne fortune) ou bien ne trouve-t-on pas également un certain nombre de personnes qui ont fait le choix d'une existence sans travail ? Comme le note John Rawls lui-même, la société juste ne consiste pas à offrir un revenu garanti aussi élevé que possible aux surfers de Malibu. Dans cette perspective, nombreux sont ceux qui proposent de demander en échange du revenu minimum des contreparties en termes de recherche d'emploi et d'obligation d'accepter les postes proposés. En pratique, la difficulté est que ces contreparties peuvent facilement conduire à un système relativement bureaucratique et tatillon de travail forcé (*workfare* en anglais, par opposition au *welfare* et à ses transferts inconditionnels), ce qui peut entraîner des conséquences négatives non seulement pour les libertés individuelles mais également pour l'efficacité économique. Comme l'ont noté avec force les défenseurs du revenu minimum inconditionnel (revenu minimum garanti accordé à tous sans contrepartie), les contreparties ont souvent pour conséquence paradoxale que ceux qui ont réussi à remplir les conditions pour toucher le transfert peuvent avoir intérêt à se cramponner à leurs droits acquis et à ne prendre aucun risque, de peur de tout perdre s'ils prennent temporairement un emploi et tentent ensuite de retrouver leurs droits. Dans la mesure du possible, il est sans doute préférable de manier la carotte plutôt que le bâton, avec un revenu minimum inconditionnel et des incitations financières à la reprise d'emploi suffisamment importantes pour que l'immense majorité des personnes préfèrent travailler (ce qui est le cas en pratique).

Encadré 1. Annexe statistique

Graphique 7. **Les parts des revenus les plus élevés aux États-Unis, 1913-2002**

a. La part du décile supérieur dans le revenu total

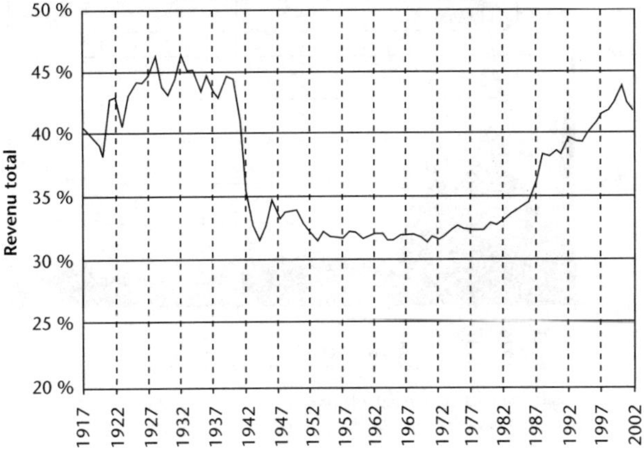

b. Décomposition du décile supérieur

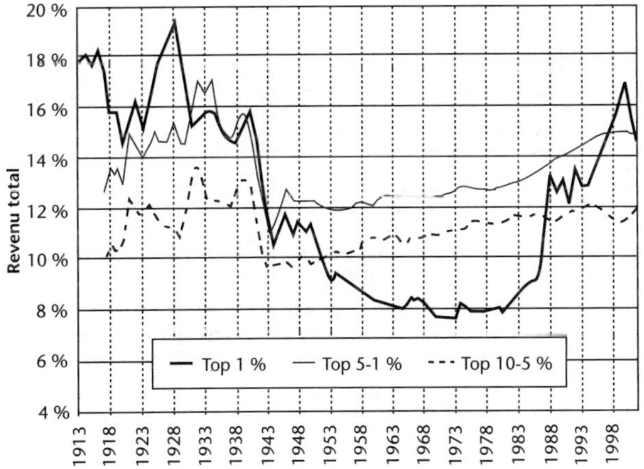

Note : il s'agit des revenus primaires, issus de l'activité économique (*market income*) ; les revenus de transfert et les gains en capital ne sont pas pris en compte.

Graphique 8. **La part et la composition des plus hauts revenus (les 0,01 % supérieurs) aux États-Unis, 1916-2000**

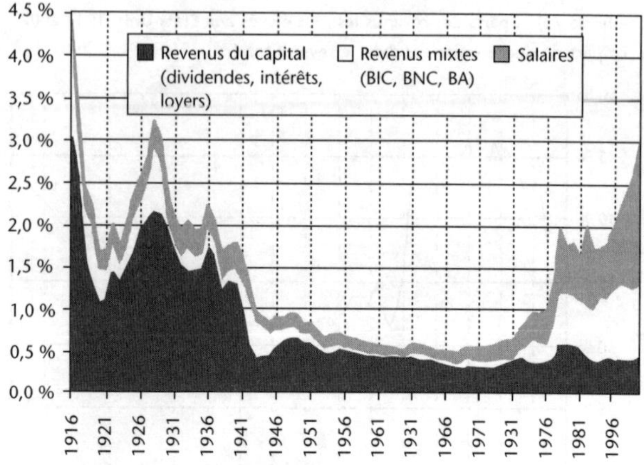

Note : la courbe du haut correspond à la part des plus hauts revenus (les 0,01 % supérieurs) ; les courbes suivantes à leur décomposition (hors gains en capital).

Graphique 9. **Les parts des plus hauts revenus (les 0,1 % supérieurs)**

a. La part des plus hauts revenus dans trois pays anglo-saxons

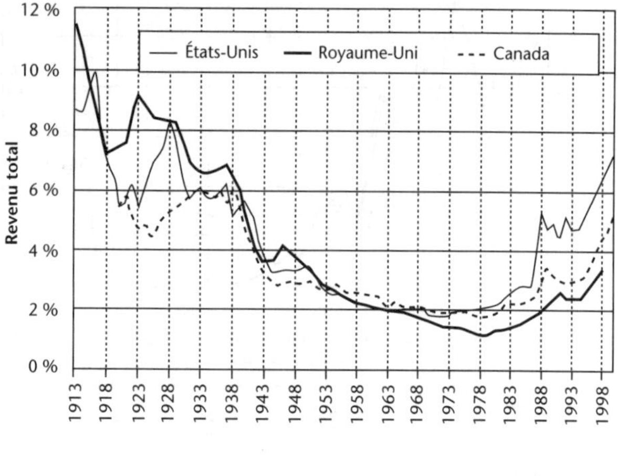

b. La part des plus hauts revenus (0,1 %) en France et au Japon

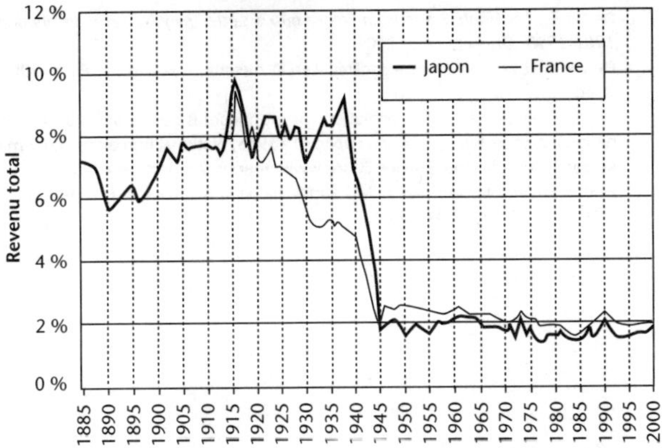

Source : Thomas Piketty et Emmanuel Saez, « The evolutions of top incomes : a historical and international perspective », *Working Paper*, n° 11955, National Bureau of Economic Research, Cambridge, janvier 2006, www.nber.org/papers/w11955 et http://www.jourdan.ens.fr/piketty/fichiers/public/PikettySaez2006.pdf.

Il va de soi que les questions évoquées ici ne sauraient en aucun cas épuiser la complexité des débats et des interrogations autour de la justice sociale et de la société juste. De multiples autres dimensions du problème jouent un rôle crucial dans les débats contemporains, comme par exemple celle de la justice entre générations (notamment à travers la question des retraites), des inégalités face à la santé, au temps de travail, etc. La diversité des questions évoquées permet toutefois de confirmer un point important. Pour comprendre comment se présente la question de la justice sociale dans tel ou tel contexte, il est toujours nécessaire de mobiliser des savoirs très différents et de croiser les approches, économiques, sociologiques, historiques, etc. En permettant d'analyser les processus générateurs d'inégalités et les conséquences de différents outils de redistribution, et surtout en déplaçant les faux débats idéologiques vers des enjeux plus profonds, les sciences économiques et sociales peuvent ainsi espérer apporter leur modeste contribution à la mise en place d'une société plus juste.

Repères bibliographiques

PIKETTY T., *Les Hauts Revenus en France au XXe siècle, Inégalités et redistribution. 1901-1998*, Grasset, Paris, 2001.

PIKETTY T., *L'Économie des inégalités*, La Découverte, « Repères », Paris, 2002, 4e éd.

PIKETTY T. et SAEZ E., « The evolutions of top incomes : a historical and international perspective », *Working Paper*, n° 11955, National Bureau of Economic Research, Cambridge, janvier 2006, www.nber.org/papers/w11955.

PINÇON M. et PINÇON-CHARLOT M., *Sociologie de la bourgeoisie*, La Découverte, « Repères », Paris, 2007, 3e éd.

IV / Conflits sociaux et action collective

*Érik Neveu**

Les conflits et « mouvements » sociaux sont inscrits dans l'histoire et le quotidien. 1848, 1936, 1968 constituent des dates de mobilisation majuscules, entrées dans les programmes d'histoire. À une échelle plus modeste et plus récente, on évoquera la lutte des ouvriers belges de Renault-Vilvoorde contre la fermeture de leur usine, le refus concerté de certains chasseurs de respecter les calendriers relatifs à la chasse aux oiseaux migrateurs, les multiples actions des « intermittents du spectacle » pour défendre leur régime de protection contre le chômage, le mouvement anti-CPE des lycéens et étudiants au printemps 2006, les campements de SDF dans une série de villes françaises à la Noël de cette même année.

Peut-on trouver des points communs à ces actions dont les protagonistes et les formes semblent aussi diverses que les valeurs et les demandes qu'elles mettent en jeu ? Oui, tous les exemples cités ici ont en commun d'associer quatre critères qui peuvent amorcer une définition du mouvement social :

— ils reposent sur une action en commun, concertée et coordonnée ;

— ils mettent en avant des revendications (hausse de rémunération, maintien d'un site industriel) ou la défense d'une « cause » ;

— ces revendications sont adressées à un adversaire bien identifié (employeur, gouvernement, autorités européennes) dans une logique de conflit. Cette action « contre » sépare un

* Érik Neveu est professeur de science politique et directeur de l'IEP de Rennes.

mouvement social d'autres mobilisations dans lesquelles les personnes agissent pour résoudre entre elles le problème rencontré. Ce serait le cas par exemple si de jeunes couples préféraient s'organiser pour faire fonctionner entre eux une crèche parentale plutôt que de demander l'ouverture d'un tel service à la mairie ;

— la prise de parole que matérialise un mouvement social n'est pas enfermée dans les procédures d'expression et de représentation organisées par les pouvoirs publics ou l'autorité hiérarchique. Elle s'exprime au-delà des seuls moments d'élection, peut court-circuiter les porte-parole, les lieux officiels de concertation, lorsqu'ils existent.

Si la protestation s'oppose aux formes plus organisées et officielles d'expression, dont le vote est le centre, elle a aussi ses règles et constantes. Il s'agit de ce que l'historien américain Charles Tilly nomme les « répertoires d'action collective ». L'expression désigne l'existence d'une gamme de façons particulières d'exprimer la protestation (manifestations, grèves, occupations de bâtiments, grèves de la faim, pétitions, boycott), variable selon les sociétés et les époques. Elle suggère aussi que, comme des chansons, ce répertoire peut être « interprété ». Une manifestation peut être un défilé presque militaire ou jouer de l'humour avec fanfares et déguisements. Elle peut solliciter le tragique, quand les militants d'Act Up se couchent sur la rue pour symboliser les morts du sida. Les répertoires sont aussi un enjeu de lutte avec l'autorité qui cherche à les encadrer par la loi. Une part des « lois Sarkozy » débattues en 2003 visait à entraver l'action des squatteurs, la mise en cause des symboles nationaux (drapeau, Marseillaise) par des protestataires.

Les mouvements sociaux sont donc des actions concertées en faveur d'intérêts ou de valeurs, où le groupe mobilisé exprime son conflit avec un adversaire en puisant dans un répertoire protestataire d'action collective.

Le conflit social : une réalité difficile à penser

Comprendre ces conflits est souvent une entreprise difficile, pour quatre raisons au moins.

Les conflits sociaux sont souvent ramenés à une lecture *trop politique*. Tels grévistes veulent-ils gêner le gouvernement ? Telle mobilisation serait-elle poussée en coulisses par la droite ou la gauche ? Ces questions se justifient parfois, elles n'épuisent jamais le pourquoi des conflits. Il est rare que la protestation ne coûte rien (retenues de salaires pour grève) ou que des groupes sociaux entiers soient assez politisés, assez dociles pour entrer en action à la simple demande d'un parti ou syndicat.

Les conflits sociaux déclenchent souvent des réactions *émotionnelles* qui paralysent l'analyse. Il peut s'agir de la peur suscitée par la violence, de la colère de ceux qui subissent les inconvénients d'une action (transports en commun) ou se sentent mis en cause dans leurs valeurs par les revendications des protestataires. Mais trop de sympathie pour un mouvement rend aussi rarement lucide.

La façon dont les médias, en particulier la télévision, parlent des conflits n'est pas toujours éclairante. L'impératif de contracter l'information en séquences d'une ou deux minutes, la priorité donnée aux images chocs ne permettent pas toujours aux journalistes d'expliquer les causes d'un conflit, ses enjeux, de faire entendre la parole des personnes mobilisées. Celles-ci ne sont d'ailleurs pas toujours à l'aise pour s'exprimer clairement en direct devant un micro ou une caméra.

Mais la difficulté la plus grande est liée aux « transformations de la structure sociale » analysées dans le chapitre II. Elles produisent, sous nos yeux, un double *brouillage* des fondements traditionnels du conflit social et des outils de pensée qui permettaient de lui donner sens. Voici un siècle et demi, Karl Marx ouvrait le *Manifeste communiste* par la phrase fameuse : « L'histoire de toute société jusqu'à nos jours est l'histoire de la lutte des classes. » L'accent mis sur les conflits entre classes sociales comme moteur du changement social est caractéristique de l'héritage intellectuel de Marx. Il serait cependant très simpliste de penser que cette façon de lire la société n'ait été que « marxiste ». Le grand intellectuel libéral Raymond Aron est l'auteur d'un livre intitulé *La Lutte des classes* (1964) où il souligne la réalité des groupes sociaux, l'importance de leurs conflits. Si elle remet en cause les divisions binaires (bourgeois/prolétaires), la place prise dans les années 1960-1970 par de nouveaux groupes sociaux (cadres, classes moyennes salariées) complique l'interprétation des tensions sociales, mais ne fait pas disparaître la référence aux classes. Les jeunes qui entrent dans une université où leurs parents n'ont jamais mis les pieds ne sont-ils pas des « boursiers » qui s'opposent aux « héritiers » ? S'ils ne revendiquaient en rien le langage de la lutte de classes, les « cadres » et hauts fonctionnaires modernisateurs des débuts de la Ve République se pensaient tout de même comme engagés dans une lutte sur un double front contre ce qu'ils considéraient comme les conservatismes des classes populaires et du petit patronat. Bien au-delà des marxismes ou de la gauche, la vision de la société comme le grand théâtre de conflits entre groupes sociaux était donc une vision fort répandue. Elle pouvait être réductrice, mais aussi éclairante. Toute une série de changements dans les structures sociales, les façons de les penser, la définition des identités collectives ont beaucoup affaibli aujourd'hui le recours à ces lectures de la société, leur caractère d'évidence (voir encadré 1).

Le conflit, simple expression des inégalités sociales ?

Si la place des oppositions de classes comme fondement des conflits sociaux se brouille, un repère simple semble, lui, rester pertinent : le conflit social est intimement lié aux inégalités et à leur perception.

Il peut provenir d'inégalités objectives, qu'il est possible de mesurer, dont la réalité s'impose à l'observateur comme l'écart entre salaires masculins et féminins, les difficultés plus grandes des jeunes diplômés issus de l'immigration à se faire embaucher. Ces inégalités objectives peuvent se mesurer à la hausse des écarts de revenus ou de patrimoine depuis vingt ans. Elles se traduisent dans les contraintes qui s'accumulent sur certains groupes (dans les hypermarchés, le temps partiel imposé et fractionné suscite souvent le mécontentement des caissières) ou encore dans des comportements qui manifestent à certains groupes le peu de respect qui leur est accordé. Mais le conflit peut aussi naître de la perception subjective que des groupes ont de leur situation. Le sociologue Pierre Bourdieu nommait « misère de position » ces cas où une relative réussite sociale peut être vécue sur le mode de l'échec et de la frustration. On peut avoir trouvé un emploi dans un orchestre symphonique ou jouer dans un club de foot de division 1 et s'y sentir brimé ou en échec. Le malaise de certains médecins généralistes doit aussi à l'écart entre le prestige — et les promesses matérielles — du statut de médecin qu'ils avaient anticipé à 20 ans, et ce que ces éléments sont parfois devenus à 50 ans.

L'accumulation et la combinaison des inégalités objectives, des situations matérielles difficiles, des attentes déçues fonctionnent alors dans toute société comme un grand réservoir de conflictualité que l'étincelle d'un incident peut allumer.

Encadré 1. Les raisons du déclin de la théorie du conflit des classes

L'effondrement du bloc soviétique a disqualifié tant les réalisations pratiques que le prestige intellectuel qui pouvaient s'associer à l'idée d'un système politique alternatif issu du conflit de classes vu par Marx.

Le monde ouvrier qui constituait une classe pivot dans ces visions du conflit social subit une crise multiforme. Elle tient à la baisse de ses effectifs, au glissement vers le tiers monde d'une part des emplois ouvriers. Elle est liée au naufrage du communisme comme promesse d'un monde meilleur portée par ce groupe. Elle doit aussi à la dégradation fréquente des conditions de vie des ouvriers (chômage, précarité, recul de la puissance syndicale). Mais la dévaluation, on pourrait dire l'humiliation, que subit le monde ouvrier est aussi symbolique. Elle repose sur une double opération de réduction. La première consiste, souvent de bonne foi, à penser ce groupe comme en voie de disparition, comme un vestige d'une société industrielle révolue. Or, même s'ils sont désormais pour moitié dans le secteur des services, les ouvriers (et ouvrières) sont encore sept millions en France ! La seconde réduction porte sur les images. Le monde ouvrier d'hier était mis en scène comme producteur de richesses, parfois héroïsé sous les figures du militant comme une avant-garde du changement social, plus banalement comme fait d'hommes et de femmes assumant avec dignité des tâches souvent difficiles, comme un groupe courageux dans l'épreuve (la Résistance). Des représentations négatives, souvent méprisantes tendent à dominer désormais. Le monde ouvrier et populaire devient mis en scène comme celui des « beaufs », des Bidochon, de la famille Groseille dans le film *La Vie est un long fleuve tranquille*. Suspectées d'être le soutien de partis politiques chauvins ou racistes, de ne pas détenir les qualifications nécessaires à une économie moderne, d'être un facteur d'archaïsme, les classes populaires perdent ainsi la ressource d'une identité collective valorisante.

Même si de grosses différences existent entre un instituteur, un informaticien, un chef d'entrepôt dans la distribution et un cadre moyen des assurances, la montée des classes moyennes et professions « intermédiaires », désormais majoritaires (51 % des actifs en 2005), estompe le sentiment des différences sociales, de leur pertinence pour comprendre la société. Dans le même temps, des formes nouvelles d'inégalités en matière de revenus, d'insertion, d'accès à l'emploi stimulent les protestations de groupes qui se sentent exclus. Ces protestations mettent en avant des identités religieuses, ethniques, l'appartenance à telle génération. Les oppositions de classes sociales semblent là aussi devenir secondaires.

Enfin, de nouvelles réalités et de nouvelles croyances convergent pour renvoyer au second plan une vision de la société fracturée par le conflit de classes. La mondialisation invite à penser en termes d'espace plus que de groupes. Elle alimente aussi, depuis le 11 septembre 2001, le fantasme d'un « choc des civilisations » comme base du conflit. Elle suggère encore une opposition à des pays lointains où une main-d'œuvre peu coûteuse menacerait « nos » emplois. Le thème de la société de communication fait, lui, du conflit une anomalie, un échec par rapport à un modèle théorique de relations sociales reposant sur l'écoute et l'explication. La vision simpliste d'une société faite d'exclus et d'inclus contribue de son côté à ramener la perception de nombre de mouvements sociaux à une crispation de corporatismes, publics ou privés, à une défense égoïste d'« avantages acquis ».

Il semble même facile de proposer une sorte de météo du conflit. Plus une personne ou un groupe sont mal lotis dans la répartition des richesses et du prestige social, plus la perception qu'ils ont de leur situation est critique, plus ils seront disponibles pour le conflit. Ce modèle est clair et simple. Il est aussi faux.

Il l'est d'abord parce que le conflit social — ou son impossibilité — obéit à des logiques qui ne se réduisent pas au schéma mécanique d'une addition de handicaps et de frustrations qui engendrerait mécaniquement le combustible des conflits. Bien d'autres facteurs interviennent tels que le sentiment de constituer un groupe, une image positive de soi, la croyance que la protestation a des chances d'aboutir, la capacité à trouver les mots pour dire l'injustice ressentie.

Il l'est en second lieu parce que même le sentiment très vif qu'il faut se mobiliser contre une situation peut déboucher sur son contraire. C'est là le paradoxe développé par l'économiste américain Olson. Imaginons que cent habitants d'un petit village soient excédés par les impôts locaux fixés par le nouveau maire. Ils se réunissent et décident d'agir. Supposons que si chacun d'eux est prêt à donner du temps (réunions, manifestation) et de l'argent pour le fonctionnement d'une association de défense et l'édition de tracts, un investissement équivalent à 40 euros chacun rend à peu près certain le recul du maire et une réduction d'impôt de 100 euros L'action collective est donc assurée de rapporter (100 – 40) = 60 euros à chaque protestataire. Oui. Ou plutôt non, car il y a plus rentable : la posture du « passager clandestin » qui regarde les autres agir et faire baisser l'impôt. Et qui récupère ainsi le gain de 100 euros sans le réduire du moindre coût de mobilisation. Égoïste, mais rentable. Oui. Ou peut-être non, car lorsque les passagers clandestins sont les plus nombreux, la mobilisation est inexistante ou inefficace. Olson souligne qu'on peut limiter le nombre des passagers clandestins, soit par la pression (aller intimider les « lâcheurs »), soit par l'incitation (avantages individuels comme des conseils fiscaux ou des « pots » gratuits aux participants à l'action). Olson a l'immense mérite de souligner que l'action collective ne va jamais de soi. Fondé sur le calcul économique, son modèle fait aussi l'économie de beaucoup de questions comme les sentiments de solidarité, le fait que le souci de dignité ou l'euphorie de la mobilisation puissent conduire à des comportements non calculateurs. Sauf à utiliser une vision très extensive ou cynique de la notion d'intérêt, son modèle peine aussi à expliquer des engagements dont on ne tire aucun profit matériel (Téléthon, solidarité Nord-Sud). Le bon usage d'Olson consiste peut-être à se demander au préalable dans quelles situations — elles existent, mais sont-elles la norme ? — nos comportements sont régis par le calcul conscient.

Tenant d'une vision plus ouverte aux sciences sociales, un autre auteur, Albert Hirschman, aide aussi à comprendre pourquoi la mobilisation n'est qu'*une* et non *la* réponse à des tensions et insatisfactions. Une première alternative au conflit (*voice*) se nomme la *défection* (*exit*). Elle peut prendre des formes multiples : démission, changement d'entreprise ou de métier. Mais on peut y placer aussi l'émigration, la mobilité sociale quand elle permet d'échapper à un destin jugé peu enviable. Elle consiste à réagir à la situation qui crée le mécontentement en en sortant individuellement pour chercher ailleurs la réponse à ses attentes. Une autre réaction se nomme *loyalisme* (*loyalty*). L'institution dans laquelle se développe un mécontentement réussit alors à susciter un attachement affectif, une « culture d'entreprise » assez forte pour que ses contraintes ou défauts soient acceptées comme un inconvénient déplaisant, mais compensé par d'autres avantages. On peut penser ici à la façon dont des entreprises industrielles (dans l'automobile, le BTP) réussissent à créer un esprit maison qui, en combinant avantages sociaux et pression sur les salariés critiques, engendre une forme de patriotisme d'entreprise. L'épisode des *start-up*, ces petites entreprises de service du secteur des nouvelles technologies tant vantées à la fin des années 1990, donne un autre exemple : l'exaltation d'innover, le mélange entre travail et passion pour l'informatique, l'espoir de faire fortune ont pu susciter des comportements volontaires d'(auto)exploitation jusqu'à l'éclatement de la « bulle » de la « nouvelle économie » qui a rendu lucide après coup... On pourrait enrichir le modèle de Hirschman, en se demandant comment faire jouer la *voice* là où une répression brutale l'interdit (voir encadré 2). On lui ajoutera aussi une quatrième voie : la *thérapie*. Elle désignerait des situations où les personnes soumises à des tensions ou des difficultés y font face sur le mode d'une culpabilité, prennent sur elles la responsabilité de la situation, tentent d'y répondre par un travail sur elles-mêmes pour « se soigner » et se réformer. Si elle peut parfois correspondre à des réalités, l'accusation faite aux chômeurs d'être « inemployables » faute de formation, de punch ou de mobilité géographique, a surtout pour effet de les faire passer de victimes à coupables, de mettre sur eux la charge

Encadré 2. Les armes des faibles

Comment exprimer son mécontentement quand le conflit, sous ses formes directes, est interdit ou réprimé, ce qui est le cas dans de nombreux pays non démocratiques ? On peut penser par exemple aux conditions de travail proches de l'esclavage des immigrés dans les pétromonarchies du Golfe, à la manière dont sont contrôlés les opposants russes à la guerre en Tchétchénie. Le recours à la *voice* est souvent terriblement risqué, comme le montre l'écrasement du « Printemps de Pékin » (1989). Les sociétés non démocratiques — mais aussi les groupes sociaux en position d'extrême faiblesse dans nos sociétés — sont le site de « résistances ». Ce terme flou désigne une mosaïque de comportements entre loyauté apparente et révolte masquée, d'invention de formes larvées d'exit. On y placera les comportements immortalisés par le « Brave soldat Chveik » du romancier tchèque Hasel. Si ce conscrit tchèque en « fait des tonnes » dans l'expression de son patriotisme austro-hongrois, toute la réalité de ses comportements est celle d'un tire-au-flanc, cherchant à éviter tout poste périlleux. La mauvaise volonté, le coulage de la production, les petits larcins ou les dégradations cachées au détriment des biens des puissants relèvent de ces pratiques. On peut aussi y associer les comportements de prédation des biens publics bien mis en scène par des écrivains du tiers monde (Cossery, Kourouma, Nkwanko) : l'affirmation bruyante et hypocrite de la soumission aux puissants s'accompagne de pratiques par lesquelles on se « paie sur la bête » au détriment du bien public. L'exercice de la moquerie et de la dérision, souvent codée ou à double sens, contre les puissants participe aussi de cet univers de micro-oppositions. Le risque est évidemment de donner un sens épique ou subversif à des comportements qui peuvent être purement égoïstes (voler des canards dans la basse-cour d'un riche villageois birman) ou constituer des soupapes de sûreté (la tradition égyptienne de moquerie) tolérées par le pouvoir. À l'inverse, cette culture des petites résistances peut être l'unique moyen de signifier que l'on n'est pas dupe d'un pouvoir qui se réclame du peuple. Elle est un terreau sur lequel des oppositions plus frontales peuvent prospérer le moment venu.

Deux romans stimulants :
Albert Cossery,
La Violence et la dérision,
Joëlle Losfeld, Paris, 2000.
Nkem Nwankwo,
Ma Mercedes est plus grosse que la tienne,
Le Serpent à plumes, Paris, 1999.

des efforts à faire pour échapper à une condition qui n'est plus l'effet de mécanismes économiques mais celle de leur manque de zèle.

Le conflit, qu'Hirschman appelle « prise de parole » (*voice*), apparaît alors comme l'une des façons de répondre à un mécontentement, et non comme son résultat mécanique. Et la prise en compte de la manière dont se conjuguent, s'ouvrent ou se ferment toutes les possibilités évoquées ici devient alors un moyen très utile de comprendre les variations dans l'intensité des conflits selon les sociétés, les milieux.

Changement social et institutionnalisation des conflits : l'ancien et le nouveau

Les mouvements sociaux influencent les choix politiques, la définition des « problèmes » dont une société débat, sur lesquels elle essaie de peser et d'agir. Leur action peut produire des refus : lorsqu'en 1984 d'énormes manifestations obligent le gouvernement de gauche à renoncer à ses projets sur les écoles privées, lorsqu'en 1995 les projets d'un gouvernement de droite sur la protection sociale sont mis en échec. Les mouvements sociaux peuvent accélérer ou imposer des changements que le fonctionnement ordinaire du monde politique rendait improbables ou lents. Ils sont pour beaucoup dans la conquête du droit au divorce par les Italiens, dans la légalisation de l'avortement (1974-1975) sous la pression des mouvements de femmes en France. Des mobilisations peuvent aussi jouer un rôle précurseur, faire entrer dans le débat public des problèmes dont les élus s'occupaient peu : environnement, développement durable.

Les mouvements sociaux sont aussi producteurs d'*identité*. Ils amènent des individus à se penser comme les membres d'un « nous » au sein duquel ils partagent des traits communs, des solidarités. Ce phénomène peut prendre des formes très diverses. Il engendre des corporatismes, crispés sur leurs intérêts et peu attentifs aux besoins d'autres catégories sociales. Mais, en valorisant des sentiments d'appartenance collective, des actions qui vont au-delà de l'intérêt individuel, les mouvements sociaux peuvent aussi être, dans une société individualiste du « je », un espace de construction de liens sociaux, de visibilité des solidarités et des clivages qui font la trame du monde social. Les mobilisations des infirmières à la fin des années 1980 ont contribué à leur donner le sentiment de constituer un groupe. Leur slogan « Ni nonnes, ni bonnes, ni connes » soulignait leur refus des images dévalorisantes de leur métier. Il revendiquait une dignité, la prise au sérieux de leur apport à la vie de l'hôpital, à la santé des malades. La notion d'identité est aussi importante pour comprendre la mobilisation de groupes qui cherchent à s'opposer à des images négatives ou dégradantes. Les mots et les slogans sont parlants : « *Black is beautiful* » opposé au discours raciste ; « *Gay Pride* », c'est-à-dire fierté de dire son homosexualité. Ces exemples montrent aussi les tensions propres à l'identité. Elles concernent d'abord l'écart entre la manière dont un groupe se perçoit et souhaite être perçu des autres... et les images, souvent moins flatteuses, que lui renvoient les autres groupes, les médias, les clichés de la publicité. L'image sociale des patrons, celle des professeurs sont-elles exactement celles que mettent en scène le Medef ou les syndicats enseignants ? Les tensions de l'identité viennent aussi de ce que, avec des effectifs ou des problèmes comparables, certains groupes ont une forte conscience de constituer un « nous » (agrégés dans les lycées, ouvriers du livre, convoyeurs de fonds) quand d'autres ont bien moins ce sentiment d'appartenir à un collectif (intellectuels « précaires » dans l'édition, vigiles de centres commerciaux).

Pour certains analystes, comme Ronald Inglehart, le rôle de l'identité et du système de valeurs devient déterminant pour expliquer les conflits des sociétés « postmatérialistes », dans lesquelles les besoins matériels de base de la population seraient assurés. En France, Alain Touraine est de ceux qui ont proposé de distinguer désormais les « nouveaux mouvements sociaux » des mobilisations plus anciennes. Quatre différences les opposeraient :

— les nouveaux mouvements sociaux seraient plutôt méfiants à l'égard de la lourdeur bureaucratique et des rigidités des organisations traditionnelles, leur préférant des structures légères (coordinations), des procédures comme la rotation des porte-parole pour empêcher que s'installent des dirigeants permanents ;

— les revendications seraient un autre point d'opposition : demandes « matérialistes » en termes de salaires, d'avantages quantifiables (âge de la retraite) pour les anciens ; demandes plutôt « qualitatives », non négociables pour les nouveaux mouvements, sensibles à la qualité de vie, à la défense des identités (refus de l'énergie nucléaire, liberté sexuelle) ;

— l'opposition se lirait aussi dans le rapport au politique. Du côté des anciens mouvements, la connivence avec les partis (par exemple les relations PC-CGT), la volonté d'entrer dans un jeu d'exercice direct du pouvoir, du côté des nouveaux le souci de rester indépendant, le désir d'obtenir des changements et non des places ;

— enfin, l'opposition tiendrait à la composition des mouvements, plus liée à des classes sociales (ouvriers, paysans) hier, plus mélangée, ou fondée sur des clivages autres que les classes (jeunes, minorités ethniques, styles de vie) dans les « nouveaux » mouvements.

Cette opposition invite à mieux regarder les mouvements sociaux d'aujourd'hui. Mais elle comporte plus d'inconvénients que d'avantages. Avoir l'image du « nouveau » est évidemment plus flatteur que celle de l'« ancien ». Mais reprendre à son compte les étiquettes valorisantes que se donnent les groupes est-il une bonne manière de faire des sciences sociales, d'exercer une réflexion critique ? L'opposition risque surtout de combiner deux caricatures. Un mouvement « ancien » comme le syndicalisme s'est construit en France à la fin du XIXe siècle sur le refus initial de tout lien aux partis (voir la charte d'Amiens). Il s'est battu pour la journée de huit heures dont l'enjeu qualitatif était de permettre aux ouvriers de se reposer et de se cultiver. Quant aux « nouveaux » mouvements sociaux, l'idée qu'ils échappent à toute définition en termes de catégorie sociale est contredite par le fait que leurs troupes se recrutent souvent dans les nouvelles classes moyennes salariées, issues de l'université. Ils ont aussi produit des partis politiques participant à l'exercice du pouvoir (Verts français, *Grünen* allemands) ou se sont investis dans la gestion quotidienne de dossiers en coopération avec les pouvoirs publics (associations écologistes en matière de chasse). Où classer les défenseurs des chasses « traditionnelles » (CNPT) qui se présentent aux élections mais défendent aussi une qualité de la vie rurale : anciens ou nouveaux ?

Pour échapper à une opposition réductrice, mieux vaut réfléchir en termes d'institutionnalisation des mouvements sociaux. Ce terme désigne le fait que les organisations nées d'une mobilisation cherchent à durer — surtout si elles obtiennent des résultats —, à être reconnues comme interlocuteurs par les pouvoirs publics. L'histoire du syndicalisme illustre en large partie ce processus. Des organisations, nées de grèves locales, se sont lentement organisées puis fait accepter, par la négociation et le conflit, comme les porte-parole des salariés. Comment le syndicalisme hier, l'écologisme aujourd'hui font-ils face aux contradictions qu'implique le fait de se voir reconnaître officiellement un pouvoir (réel ou illusoire) d'influence, de gestion de certains dossiers ?

Parler d'institutionnalisation ne signifie pas que tout mouvement social finisse par être récupéré ou apprivoisé. La question invite aussi à se demander comment des mobilisations qui réussissent font face à ces risques. À l'opposé, elle amène aussi à remettre en cause les distinctions trop nettes entre mouvements sociaux, groupes de pression, voire administrations. On appelle groupe de pression une institution bien établie qui défend des intérêts organisés. À la différence d'un mouvement social, plus fluide et temporaire, il a souvent des locaux, des salariés, des experts. Il est consulté par les pouvoirs publics. Ce sont par exemple les chambres d'agriculture, de commerce et d'industrie, les confédérations syndicales. Pour employer une image simpliste mais parlante, beaucoup de groupes de pression sont l'équivalent de la roche dure née de la lave des mouvements sociaux.

L'institutionnalisation peut aussi s'analyser comme un processus de domestication. L'État dispose de toute une panoplie de techniques (subventions, monopoles de candidature aux élections professionnelles, intégrations dans des commissions et des organismes consultatifs) qui lui permettent de négocier avec les représentants des mouvements sociaux. Le principe implicite est d'échanger une reconnaissance et un droit de participation contre la modération des revendications et des formes d'action. Une des meilleures façons d'illustrer ce processus d'institutionnalisation consiste à observer les nouveaux ministères nés depuis une trentaine d'années (Environnement, Droit des femmes, Consommation). Il s'agit d'administrations publiques, mais leur personnel de direction, parfois leur ministre, se recrute souvent parmi d'anciens participants aux mobilisations. Une partie au moins de leurs responsables a gardé un rapport militant au travail professionnel. Souvent mal dotés en personnel, ces ministères « militants » ne fonctionnent parfois au niveau local et départemental que grâce aux relais qu'ils trouvent chez les militants associatifs, avec lesquels ils nouent des relations complexes faites de coopération et de tensions. Pour être moins spectaculaires que les manifestations, ces formes de coopération n'en sont pas moins essentielles pour mesurer la contribution des mouvements sociaux au changement social.

Mouvements sociaux et démocratie

À chaque grande vague de mouvements sociaux revient la question de leur compatibilité avec le fonctionnement d'une société démocratique. Grèves ou barrages routiers sont alors associés à des interrogations sur le droit que s'arrogent des minorités de bloquer des activités sociales importantes. La question d'une action de la « rue » allant contre les décisions de gouvernements issus des urnes est posée. Ces questions sont importantes, mais souvent formulées d'une façon simpliste.

Il est possible de défendre une conception de la démocratie qui repose sur l'idée qu'un gouvernement issu des élections peut faire tout ce qui figurait dans son programme pendant son mandat, à la simple condition de respecter les règles de droit. Dans ce cas, la critique du caractère non démocratique des mouvements sociaux est logique. Elle n'est pas forcément très convaincante. Pourquoi ?

D'abord parce que l'action des gouvernants est bien rarement d'appliquer toutes leurs promesses électorales et rien qu'elles ! Ensuite parce qu'aucune famille de pensée ne souscrit plus vraiment à pareille conception de la démocratie. Une tradition libérale, qui invoque Tocqueville, insiste sur le rôle de contre-pouvoirs, sur les bienfaits de l'intervention, même remuante, de la société civile contre la toute-puissance de l'État. La gauche souligne, depuis Rousseau, l'importance d'une participation active et permanente des citoyens aux décisions collectives, le droit de contrôler les élus. Mais, surtout, c'est, dans les faits, le comportement des citoyens qui manifeste en actes un refus, probablement irréversible, d'une démocratie qui s'épuiserait dans le vote.

Les sociétés démocratiques sont le théâtre d'une expression croissante des conflits et mouvements sociaux. Les formes du conflit changent (le nombre annuel de jours de grève en France reste proche de 4 millions pendant les dix ans qui suivent mai 1968. Il se situe depuis bientôt vingt ans aux environ de 500 000) ; celles du militantisme aussi avec la crise du syndicalisme. Mais, plus qu'un déclin de l'action collective, c'est son renouvellement qui s'affirme *via* le rôle d'associations locales, les engagements que suscitent la mondialisation, la solidarité Nord-Sud, l'action humanitaire ou environnementale. Le nombre des manifestations se situe en France de façon permanente à des niveaux élevés : environ 8 000 par an. Mais l'action collective, ce sont aussi des campagnes de pétition, de boycott. Cette vitalité de l'action collective, venant d'une population de plus en plus scolarisée, peut s'interpréter comme la traduction en actes d'une volonté d'influence directe sur les décisions concernant son existence quotidienne, d'une méfiance désormais très enracinée envers la délégation de pouvoir illimitée aux élus, et *a fortiori* aux experts et hauts fonctionnaires non élus qui élaborent de nombreuses décisions.

À travers cette vitalité des mouvements sociaux, il est possible d'identifier quatre tendances montantes d'une nouvelle pratique de la démocratie. La première a trait à la *transparence*. Par

Encadré 3. Guide pratique : six questions pour analyser un mouvement social

L'analyse d'un mouvement social demande toujours une connaissance fine du milieu où il se développe et une écoute de ses protagonistes. Six questions peuvent cependant guider l'enquête.

Milieux « conducteurs »

Comme diverses matières conduisent plus ou moins bien le courant électrique, les milieux sociaux sont inégalement « conducteurs » des mobilisations. Pour Tilly, deux critères peuvent être soulignés. Le premier consiste à se demander si le milieu concerné est marqué par une forte identité, une conscience collective. Celle-ci peut provenir de caractéristiques qui s'imposent aux individus : être femme, noir ou jeune sont des données dont on ne se débarrasse pas comme d'un costume. L'identité catégorielle peut aussi naître de la capacité d'un groupe à offrir à ses membres une image d'eux-mêmes forte et valorisante : sentiment d'appartenir à un groupe à la fois créateur des richesses économiques et porteur d'un projet de changement de la société pour le monde ouvrier à l'apogée du communisme, fierté de se sentir membre d'une élite de la naissance ou de la performance scolaire pour les aristocrates d'hier ou les diplômés des grandes écoles d'aujourd'hui. Mais, à côté de ces éléments d'une identité, d'un « nous », qui reposent sur l'appartenance objective, parfois subie, à des catégories (les hommes, les fonctionnaires, les sans-papiers), il faut aussi considérer les liens sociaux dont les individus sont les constructeurs actifs. La notion de réseau peut résumer ces liens volontaires que sont l'appartenance à une association, une « bande », les loisirs partagés dans une chorale, un groupe de supporters. Plus un groupe social superpose une forte identité catégorielle et des réseaux de liens entre ses membres, plus il est apte à se mobiliser. On distingue alors des groupes dotés d'une très forte cohérence, comme l'étaient jadis les mineurs du Pas-de-Calais ou les instituteurs publics. La conscience fière d'appartenir à un groupe social respectable se combinait à d'intenses réseaux de liens volontaires : syndicats, mutuelles, clubs sportifs, loisirs partagés, mariages au sein du groupe. À l'inverse, d'autres groupes (chômeurs, intérimaires) combinent une identité faible ou peu valorisante. Ils associent des personnes dont les trajectoires de vie sont très diverses, dont les réseaux d'amitiés ou de loisirs — lorsqu'ils sont solides — se construisent largement en dehors de leur profession ou catégorie.

Les mots « groupe » ou « catégorie » ont été systématiquement associés dans ce texte au processus de mobilisation. On voit désormais qu'il serait plus juste de parler de groupe latent ou potentiel. Les « groupes » ont des degrés de réalité (on dit aussi d'institutionnalisation) très variés. Certains ont une existence consacrée par des syndicats, des catégories statistiques (les PCS de l'Insee), parfois des règles très précises d'accès à la profession (médecins). D'autres peuvent ne jamais « prendre », ou uniquement dans des situations très particulières. Les ramasseurs de champignons constituent un groupe latent qui existe sur le papier. Il mêle des personnes très diverses qui s'ignorent mutuellement, n'a aucune organisation. Mais un arrêté municipal réservant la cueillette des cèpes aux habitants du village pourrait amener les ramasseurs du dimanche, venus de la ville voisine, à créer une association, à devenir un groupe « réel ».

Milieux segmentés, milieux intégrés

Une autre distinction peut renvoyer à l'accès inégal dont disposent les groupes à l'égard des centres de pouvoir. Un groupe donné peut-il ou non facilement se faire écouter et entendre de ceux qui ont un pouvoir de décision sur sa situation (direction d'une entreprise, administrations, ministères) ? Parce qu'ils sont organisés, puissants ou capables d'exercer des menaces, certains groupes disposent de relais politiques, d'accès faciles aux « guichets » du pouvoir. Les anciens de l'ENA, les chefs d'entreprise, mais aussi le monde paysan à travers la FNSEA et le CNJA correspondent à ce cas de figure. À l'inverse, d'autres groupes, parce qu'ils sont stigmatisés (« sans-papiers », prostituées), parce qu'ils sont atomisés (chômeurs) ou dotés de peu de poids social (Gitans), ne parviennent pas à bénéficier de cet accès, plus encore de l'écoute des décideurs. Dans ces milieux « segmentés », c'est-à-dire coupés des foyers de décision, le recours au conflit constitue une stratégie presque obligée — ce qui ne veut pas dire facile, ni même toujours possible — pour faire réagir des autorités indifférentes ou inaccessibles.

Comme le montre le cas des médecins libéraux en 2001-2002, des groupes « intégrés », connectés aux lieux de décision, peuvent aussi faire usage de la mobilisation, s'ils ont le sentiment que des changements (de gouvernement par exemple) leur font perdre leur position stratégique et que leurs revendications n'aboutissent plus.

Ressources

Les chances de se mobiliser, d'obtenir gain de cause dépendent aussi des ressources du groupe. Le mot désigne toutes les formes de capitaux, de savoir-faire, de relais que peut mettre en œuvre un mouvement. Il peut s'agir de ressources financières pour payer le transport de manifestants ou une campagne de publicité. C'est aussi la ressource du nombre pour manifester. Les ressources viennent aussi du pouvoir de nuisance. Un arrêt de travail des aiguilleurs du ciel crée plus de perturbations que celui des cracheurs de flammes. Savoir utiliser les médias est une autre ressource importante. Des organisations comme Greenpeace ou SOS Racisme ont su en faire un usage très efficace. D'autres sont plus maladroits, comme ces représentants des « familles » protestant fin 1997 contre le plafonnement des allocations familiales, en manteau Loden et jupe plissée bleue, suggérant à beaucoup de téléspectateurs l'image négative de BCBG. Les ressources peuvent encore renvoyer à l'image sociale du groupe : celle des infirmières ou des prix Nobel est plus positive que celle des huissiers ou des prisonniers. Il faut surtout manier la notion de ressource de façon relationnelle : la valeur d'une ressource donnée ne se mesure que dans un contexte particulier. La force physique peut être une ressource quand en janvier 1999 quinze mille mineurs roumains marchent sur Bucarest et arrachent des hausses de salaire de 30 % après une véritable bataille contre trois mille policiers, où ils font même des prisonniers ! Dans une société où la pacification des conflits est plus grande, où les médias diffusent en direct des images très émotionnelles, une violence moindre (celle de paysans bretons saccageant une gare et des réseaux électroniques de la SNCF en 1998) peut à l'inverse susciter le dégoût et dévaloriser le mouvement.

Les mots pour le dire

Il faut aussi donner un langage à son mécontentement. Se mobiliser suppose toute une série d'opérations « intellectuelles » ou « symboliques » : définir une situation comme injuste ou problématique, identifier des responsables ou des adversaires, formuler des demandes précises pour mettre fin au problème. Contrairement à une idée reçue, rien de cela ne va de soi. Des difficultés peuvent être très malaisées à exprimer. Le chômage peut engendrer des sentiments de honte, de repli sur soi peu propices à une prise de parole. Certaines formes de domination peuvent être tenues pour naturelles par ceux qui les subissent. La romancière afro-américaine Toni Morisson décrit dans *L'Œil le plus bleu* la façon dont une partie des Noirs américains a pu intérioriser les stéréotypes racistes associant le noir à la laideur, avant que les mouvements des années 1960 n'expriment une fierté de soi symbolisée par le slogan « *Black is beautiful* ». Un mouvement social doit aussi pouvoir répondre à des questions de base : d'où la situation contre laquelle il se mobilise vient-elle ? Où les responsables sont-ils ? Quelles solutions apporter ? Toutes ces opérations peuvent être difficiles à réaliser lorsqu'un « problème » naît de causes très complexes. Qui est « responsable » des naufrages de pétroliers ? De la « vache folle » ? Du chômage ? Enfin, dans un monde où les médias deviennent des acteurs à part entière des mouvements sociaux, la capacité des groupes à mettre en scène leur identité et leurs revendications d'une manière qui les fasse voir et « bien voir » est très inégale.

Organisations et entrepreneurs

Il arrive que des mouvements sociaux naissent de façon spontanée de l'indignation suscitée par une situation d'injustice, par un acte interprété comme agressif ou méprisant. Mais aucun mouvement social ne peut aller au-delà du feu de paille d'une colère momentanée sans une certaine organisation. Convoquer une manifestation, définir des mots d'ordre ou des revendications exigent un minimum de coordination volontaire. Un milieu social disposant d'organisations (syndicats, associations...) est plus propice à la mobilisation. On peut pousser l'analyse plus loin et considérer que sans organisations relativement structurées (même si elles peuvent être provisoires comme les « coordinations »), sans porte-parole, un mouvement social est voué à l'échec, à l'explosion sans lendemains. On peut comparer l'organisation ou le porte-parole à une sorte d'entrepreneur de protestation. Il bénéficie d'un minimum d'adhésion du groupe mobilisé, il met en œuvre des savoir-faire en matière d'organisation de la protestation, produit un discours qui rend la protestation intelligible au public. Il peut arriver que certains groupes latents cumulent tant de handicaps (atomisation, image dévalorisante, rareté des individus capables de prendre la parole conformément aux règles des médias et de la vie publique) que leur mobilisation suppose l'intervention d'entrepreneurs extérieurs au milieu. Les mobilisations de sans-logis ou celle du « quart monde » ont ainsi été au départ animées par des prêtres.

Les conjonctures politiques

L'effet d'un mouvement n'est jamais réductible à une sorte de mécanique où la mobilisation réussie d'une force X produit à coup sûr un résultat Y. On trouverait au contraire bien des exemples où de petites mobilisations obtiennent de grands succès et de grandes mobilisations de petits résultats. Le pouvoir politique peut réagir de façon très différente à des mobilisations d'une force comparable. Les gouvernants se demanderont si la revendication met ou non en cause de grands choix politiques, si les protestataires se recrutent parmi leurs électeurs ou non, si des élections sont proches. Lycéens et étudiants ont rapidement obtenu le retrait d'un projet de « Smic Jeunes » fin 1994 car leurs manifestations constituaient une menace électorale pour le Premier ministre Balladur, candidat à la présidentielle. À l'inverse, la longue grève générale du personnel des impôts en 1989 n'a eu que de faibles résultats : s'étant développée après les élections, elle ne comportait donc pas de menace sur ce terrain, et ses revendications étaient perçues comme une mise en cause de la politique de gel des salaires menée par le gouvernement. La notion de conjoncture politique signifie aussi qu'un gouvernement soutenu par une majorité formée de plusieurs partis sera sensible à un mouvement social soutenu par un des partis de sa majorité, surtout si les élus de ce parti sont indispensables au Parlement. Le vote en 2000 d'une « loi de modernisation sociale » est ainsi né des tensions au sein de la « gauche plurielle » suite à des fermetures d'entreprises ou d'usines (Danone, Marks & Spencer).

Les six variables énumérées ici n'épuisent pas la réflexion sur les mouvements sociaux. Elles ne constituent pas une formule magique, mais les prendre en considération peut déjà conjurer beaucoup d'explications simplettes.

définition, les mouvements sociaux se développent dans l'espace public, celui de la rue et des médias. Ils sont donc contraints d'expliquer leurs revendications, leurs propositions et, par là, de contribuer au débat public. Il serait naïf de croire que ce caractère public les préserve de toute démagogie ou de tout simplisme dans l'argumentation, ou de soutenir que les médias permettent en permanence un débat clair. Mais le caractère public des débats que déclenchent les mouvements sociaux contraste souvent avec le style confidentiel des négociations corporatives où, derrière les portes closes des palais officiels, se prennent souvent sans débat public des décisions essentielles (comme celle de laisser fabriquer et vendre des farines animales pour nourrir les bovins) entre hauts fonctionnaires et représentants d'une profession, d'un secteur économique.

Les mouvements sociaux peuvent aussi fonctionner comme des machines à mobiliser *imagination* et *savoirs*. Sur des questions comme celles de l'environnement, des rapports entre sexes, des solidarités Nord-Sud, les mouvements sociaux ont joué un rôle pionnier pour introduire dans les débats publics des questions nouvelles, pousser les représentants élus à prendre la mesure d'enjeux collectifs. On peut aussi souligner que les effets combinés de la technicité de certains dossiers et des savoirs spécialisés que peuvent mobiliser certaines entreprises (producteurs d'OGM) ou administrations (ministère de la Santé) ont donné à l'expertise et à l'argumentation scientifique une place inédite comme arme de la protestation. Le fait est évident dans le domaine nucléaire et écologique avec le rôle des mesures de radioactivité, les études d'impact. Il l'est bien au-delà de ce cas particulier si l'on pense au rôle de l'expertise dans les mobilisations pour ou contre l'interdiction de certaines techniques de pêche (filets dérivants...). Cette combinaison d'imagination critique et d'expertise a permis aux écologistes canadiens de proposer aux pêcheurs de Terre-Neuve d'utiliser des enregistrements de baleines en détresse dont le bruit fait fuir les cétacés, les sauve... et évite aussi qu'elles ne détruisent les coûteux filets de pêche.

Les mouvements sociaux suggèrent en troisième lieu la montée d'une exigence de fonctionnement en *continu* des mécanismes démocratiques. Ils sont porteurs d'une intervention permanente des citoyens sur les enjeux que ceux-ci considèrent comme ayant un impact sensible sur leur vie quotidienne. Parce qu'ils expriment des préoccupations directement vécues, parce qu'ils supposent une forme d'engagement personnel et concret sur un enjeu, les mouvements sociaux participent de façon au moins aussi significative à ce mouvement de refus d'une démocratie exclusivement ramenée à l'échéance électorale.

La place et la nature des mouvements sociaux contemporains suggèrent enfin une forme de contestation larvée des évolutions de la vie politique. L'évolution du personnel politique s'est caractérisée depuis les années 1960 par une fermeture accrue du recrutement social des dirigeants politiques, par la montée des diplômés de l'ENA, par une professionnalisation multiforme du métier politique. Ces évolutions ont accru la distance sociale et intellectuelle entre représentants et représentés, et ont conforté la fermeture du monde politique sur ses enjeux internes. Elles n'ont pas contribué à élever l'attention des gouvernants aux impacts de leurs décisions sur les citoyens ordinaires. Le conflit fonctionne alors comme possibilité de prise de parole des groupes qui ne s'identifient plus au jeu politique, n'y trouvent plus l'écho de leurs problèmes. Il ne débouche pas forcément sur la formulation de propositions cohérentes. Mais, même confuses dans leur signification, les mobilisations indiquent un dysfonctionnement désormais durable de la représentation politique.

Une discussion qui se ramènerait à répondre par oui ou non à la question de savoir si les mouvements sociaux servent la démocratie serait, on le voit, bien mal engagée. Le modèle démocratique est indissociable du vote comme moment solennel de convocation commune des citoyens, possibilité théorique de choix entre de grandes orientations distinctes. Que serait-il si la démocratie se pratiquait un jour tous les cinq ans ? L'identification de la démocratie aux seuls mouvements sociaux serait aussi imprudente. Certains peuvent véhiculer des revendications qui menacent les valeurs démocratiques, recourir à des violences injustifiables. D'autres peuvent n'être que l'expression d'égoïsmes sectoriels ou de groupes ultra-minoritaires. Mais les mouvements sociaux contiennent aussi les ferments d'une démocratie plus participative, plus continue, plus transparente, moins corsetée par les rigidités des institutions et de la politique professionnelle.

Repères bibliographiques

AGRIKOLIANSKY E. et SOMMIER I., *Radiographie du mouvement altermondialiste*, La Dispute, Paris, 2005.

BENNANI-CHRAÏBI M. et FILLIEULE O. (dir.), *Résistance et protestation dans les sociétés musulmanes*, Presses de Sciences Po, Paris, 2003.

COSSERY A., *La Violence et la dérision*, Joëlle Losfeld, Paris, 2000.

HIRSCHMAN A. O., *Défection et prise de parole*, Fayard, Paris, 1995.

ION J., *La Fin des militants ?* Éditions de l'atelier, Paris, 1997.

NEVEU E., *Sociologie des mouvements sociaux*, La Découverte, « Repères », Paris, 2005, 4e éd.

NWANKWO N., *Ma Mercedes est plus grosse que la tienne*, Le Serpent à plumes, Paris, 1999.

OFFERLÉ M., *Sociologie des groupes d'intérêt*, Montchrestien, Paris, 1998.

OLSON M., *Logique de l'action collective*, PUF, Paris, 1978.

TILLY C., *La France conteste*, Fayard, Paris, 1986.

V / La cohésion sociale

*Robert Castel**

Parler de cohésion sociale est une manière de nommer les rapports d'interdépendance qui doivent unir tous les membres d'une société. Lorsque ces relations existent, on peut parler de société intégrée, ou de « société de semblables » pour reprendre une expression de Léon Bourgeois, penseur et homme politique important de la IIIe République (il fut plusieurs fois ministre et son livre *Solidarité* [1] est l'ouvrage de référence du courant de pensée appelé « solidarisme » qui a inspiré les politiques sociales de la IIIe République). Une « société de semblables » est une société dans laquelle tous les individus qui la composent sont intégrés, c'est-à-dire sont associés pour exister ensemble et former une communauté. Parce qu'une société moderne est une société différenciée, dans laquelle les écarts se creusent entre les rôles occupés par chacun en fonction des progrès de la division du travail, elle est au contraire menacée de dissociation. Émile Durkheim appelle anomie ce manque d'intégration qui guette une formation sociale dans laquelle des relations de réciprocité ne sont pas maintenues ou restaurées par-delà la différenciation croissante des tâches accomplies par des individus et des groupes de plus en plus divers.

Une société de semblables

On peut ainsi comprendre qu'une société de semblables, ou une société qui assure une « solidarité organique », ne soit pas

* Robert Castel est directeur d'études à l'EHESS.

1. Léon Bourgeois, *Solidarité*, Armand Colin, Paris, 1896.

pour autant une société égalitaire, au sens où chacun aurait la même condition, les mêmes ressources, des biens et des pouvoirs équivalents. Au contraire, plus une société devient complexe et plus ses membres se différencient, c'est-à-dire occupent dans la structure sociale des positions incommensurables entre elles. Mais une telle société exige aussi que tous les sujets sociaux soient reliés par des liens « organiques », comme il en existe dans un organisme vivant, où le rôle joué par chaque organe est à la fois différent et essentiel pour qu'ils forment vraiment un tout.

Cette coexistence d'une différenciation accrue, qui peut comme aujourd'hui mener à des formes exacerbées d'individualisme, et de la nécessité de maintenir ou de reconstituer des rapports transversaux entre les individus et les groupes qui les rendent solidaires est un des grands défis que nous avons aujourd'hui à affronter. Ce que l'on appelle un peu schématiquement l'« exclusion », la « fracture sociale » ou la « société duale », c'est ce spectre — réalité, menace ou fantasme — d'une coupure qui ruinerait la possibilité même de « faire société », en entendant par là l'appartenance à un même ensemble dont tous les membres continuent d'être unis par des relations d'échanges réciproques.

On commencera par présenter le contexte dans lequel cette problématique est apparue en France à la fin du XIXe siècle et les premières réponses qui y ont été apportées par les politiques sociales de la IIIe République. On montrera ensuite comment ces réponses se sont consolidées après la Seconde Guerre mondiale dans le cadre de la « société salariale » : à la faveur d'une économie de croissance et de politiques de quasi-plein emploi, la grande majorité des membres de la société jouissent alors de ressources et de droits qui constituent le socle d'une citoyenneté sociale. On indiquera enfin comment les cartes se sont redistribuées depuis une trentaine d'années, dans un contexte marqué par une progression sans précédent d'un individualisme qui affecte profondément le fonctionnement des principales institutions sociales. La conception même de la cohésion sociale et la possibilité de la maintenir ou de la restaurer apparaissent désormais problématiques. La question se pose dès lors de savoir si le modèle de cohésion construit après la Seconde Guerre mondiale et qui a prévalu jusqu'au début des années 1970 est encore valide, ou dans quelle mesure il pourrait s'agir de le restaurer ou de le remplacer.

L'émergence de la problématique moderne de la cohésion sociale

La question de la cohésion sociale n'est pas nouvelle puisque la société moderne s'est fondamentalement voulue, pour reprendre l'expression de Norbert Elias, une « société des individus ». La Déclaration des droits de l'homme et du citoyen, par exemple, est un magnifique manifeste d'individualisme conquérant, puisqu'elle prétend fonder sur les seuls droits de l'individu la légitimité politique, civile et pénale : le pouvoir politique est censé exprimer la volonté des individus-citoyens, les échanges sociaux consistent en relations contractuelles entre individus souverains, et l'individu est seul responsable de ses actes et personnellement sanctionné par la loi s'il la transgresse.

Si ces principes avaient été appliqués d'une manière absolue, la société aurait sans doute été complètement atomisée, sans aucune cohésion, ce qu'ont craint d'ailleurs beaucoup de contemporains de l'époque révolutionnaire et postrévolutionnaire. Mais des institutions ont échappé à l'hégémonie de l'individu : la famille, qui a continué à être gouvernée par un principe d'autorité de type patriarcal ; l'Église et les notables, qui ont conservé ou retrouvé une partie de leur influence traditionnelle ; des limitations au pouvoir absolu des individus ont été instituées sur le plan politique avec l'instauration du suffrage censitaire ; les philanthropes de la première moitié du XIXe siècle ont entrepris de moraliser les classes populaires en leur inculquant le sens de la loi et de l'ordre, etc. Même lorsque l'existence, dans cette première moitié du XIXe siècle, d'un prolétariat misérable et désocialisé présente le risque d'une véritable fracture sociale au sein de la société en voie d'industrialisation, on peut encore espérer contenir par la force la menace de subversion totale de l'ordre social que portent ces « nouveaux barbares » (*cf.* la répression de l'insurrection des ouvriers parisiens en juin 1848).

Le *processus de désaffiliation* : la fin du XIXe siècle correspond à ce que les historiens appellent la « seconde révolution industrielle ». Elle est marquée par les progrès spectaculaires de l'urbanisation, un accroissement massif du nombre des salariés, une mobilité géographique rendue possible par les nouveaux moyens de transport comme le chemin de fer, le développement de modes de vie qui ne sont plus inscrits dans des communautés traditionnelles. La prise de conscience se fait, chez les esprits les plus éclairés du moins, qu'il s'agit là de transformations irréversibles dont l'impact sera de plus en plus considérable. Il leur apparaît en même temps que les formes antérieures de cohésion sociale fondées sur la proximité sociale et géographique entre des individus liés par des relations d'interconnaissance sont en déclin, et que ce déclin est également irréversible. Les solidarités qui dépendent de l'appartenance à des groupes primaires comme le voisinage, la famille étendue, les communautés locales sont, non point toujours abolies comme dans les cas d'immigration rurale massive, mais à tout le moins distendues. On peut nommer désaffiliation ce processus de rupture avec les attaches antérieures, qui risque de laisser les individus isolés, livrés à eux-mêmes. Dès lors, la cohésion sociale doit être dans une large mesure prise en charge sur un mode volontariste, construite ou reconstruite.

L'entrée en scène de l'État

C'est dans ce contexte que l'État apparaît comme l'instance nécessaire pour suppléer aux carences des protections rapprochées et des formes de contrôle des groupes de proximité. Les mêmes penseurs qui, à la fin du XIXe siècle, portent le diagnostic d'un risque de dissociation sociale, préconisent en même temps ce qu'ils croient être le remède à cette situation : l'implication de l'État dans un rôle nouveau — l'État social ou l'État-providence — pour construire de nouvelles solidarités. C'est l'essentiel des politiques sociales menées par la IIIe République.

Les trois axes des politiques sociales

1. *Assurer un droit au secours* aux plus démunis. Les situations de grande pauvreté dues à l'incapacité de travailler relevaient pour l'essentiel d'une assistance facultative dispensée par l'Église et par des associations philanthropiques. Reprenant le principe posé par les Assemblées révolutionnaires d'une « dette inviolable et sacrée » de la nation à l'égard des citoyens dans le besoin, l'État républicain en fait un droit. Les plus démunis se trouvent ainsi maintenus dans la communauté nationale au nom de la loi. Il convient cependant de remarquer que l'application de ce droit est très restrictive puisqu'il concerne seulement les populations qui sont dans l'impossibilité physique de pourvoir à leurs besoins (qui sont incapables de travailler).

2. *Mutualiser les principaux risques sociaux*. La maladie, les accidents du travail (loi de 1898), la vieillesse impécunieuse (loi sur

les retraites ouvrières et paysannes votée en 1910) relèvent désormais de systèmes d'assurance également garantis par l'État. Cette protection sociale est d'une bien plus grande portée que le droit au secours car elle concerne en principe l'ensemble des travailleurs. Par exemple, le droit à la retraite donne l'assurance aux vieux salariés devenus incapables de subvenir à leurs besoins de jouir du minimum de ressources nécessaires pour mener une vie décente. Ils ne tombent pas dans la dépendance de formes plus ou moins dégradantes d'assistance. Plus généralement, comme le dit Alfred Fouillé, l'un de ces idéologues de la IIIe République qui ont combattu pour l'intervention de l'État, les systèmes d'assurance obligatoire fournissent « ces garanties du capital humain qui sont comme un minimum de propriété essentiel à tout citoyen vraiment libre et égal aux autres [2] ».

3. *Le développement des services publics.* Les services publics dispensent des biens qui doivent échapper à l'appropriation privée et à la logique marchande parce qu'ils présentent une utilité essentielle pour pouvoir participer à la vie collective. Léon Duguit, un autre de ces penseurs qui ont contribué à l'édification de la doctrine sociale de la IIIe République, définit ainsi le service public : « Toute activité dont l'accomplissement doit être assuré, réglé par les gouvernements, parce que l'accomplissement de cette activité est indispensable à la réalisation et au développement de l'interdépendance sociale, et qu'elle est de telle nature qu'elle ne peut être réalisée complètement que par l'intervention de la force gouvernementale [3]. » On ne saurait mieux affirmer la nécessité de l'action de l'État pour le maintien de la cohésion sociale : c'est l'intervention de la « force gouvernementale » qui peut assurer l'« interdépendance sociale », c'est-à-dire la participation de tous au même ensemble social, condition de la réalisation de la « solidarité organique » selon Durkheim.

L'intégration par l'École républicaine

L'éducation, comme aussi la santé, représente un de ces biens à forte utilité à la fois personnelle et sociale dont on peut légitimement penser qu'il est trop important pour être laissé à la discrétion des intérêts privés. On connaît les efforts déployés par le régime républicain pour promouvoir une éducation publique,

2. Alfred Fouillé, *La Propriété sociale et la démocratie*, 1884.
3. Léon Duguit, *Le Droit social, le droit individuel et la transformation de l'État*, 1908.

laïque, obligatoire et gratuite, qui représente sans doute la plus grande réussite de son programme social. L'instruction publique promeut une socialisation de l'ensemble des enfants, non seulement par l'acquisition des connaissances de base nécessaires pour se repérer dans le monde moderne, mais aussi par l'inculcation des valeurs de la République qui font intérioriser la commune appartenance à l'ensemble social, la nation (avec aussi la motivation « patriotique » d'être mieux armé pour préparer la revanche de la défaite de 1870 contre l'Allemagne). On sait aussi que cet effort soutenu pour diffuser une instruction essentiellement « primaire », c'est-à-dire en direction du peuple, a laissé subsister d'énormes disparités par rapport au type d'éducation réservé à peu d'exceptions près aux classes moyennes et supérieures qui constitueront l'élite de la nation. Mais ce constat illustre la ferme différence qu'il faut établir entre une société d'égaux et une société de semblables : comme pour le droit au secours et la protection sociale, l'objectif du programme social de la IIIe République est d'assurer à tous un minimum de ressources, de biens et de droits, afin que nul ne soit rejeté en dehors de l'ensemble social — ce que nous appellerions aujourd'hui l'exclusion. Le combat républicain pour l'intégration sociale concerne tout le monde, mais cela ne signifie pas que chacun doive être doté des mêmes attributs pour que la cohésion sociale soit préservée.

La cohésion sociale dans la société industrielle

À la différence du développement des services publics et spécialement de la politique scolaire, le programme social de la IIIe République a globalement donné des résultats très modestes en matière de protection sociale. Avant la Seconde Guerre mondiale, on est bien loin d'avoir pourvu tous les membres de la société de ce « minimum de propriété essentiel à tout citoyen vraiment libre et égal aux autres » que préconisait Fouillé. On peut comprendre pourquoi. L'idée était de constituer ce « minimum de propriété » à partir du travail. Jusqu'à l'établissement des protections sociales, le pur travailleur était tragiquement dépourvu de protections, que pouvait seule procurer la propriété privée. Il risquait ainsi de basculer dans la déchéance lorsque l'accident, la maladie, le chômage, la vieillesse l'empêchaient de survivre et de faire survivre sa famille avec son maigre salaire. D'où l'importance fondamentale des cotisations sociales.

L'invention de la propriété sociale

Avec l'assurance obligatoire dont le principe s'impose avec la loi de 1910 sur les retraites, le travailleur se constitue « comme une propriété », il se construit un droit de toucher des prestations pour le temps où provisoirement (maladie, accident) ou définitivement (vieillesse) il cessera son activité. C'est le sens fort de l'expression « protection sociale » : ce sont les prestations sociales qui protègent. C'est-à-dire que le non-propriétaire lui-même est protégé par un équivalent de la propriété (une sorte de propriété sociale) qu'il tire de son travail. C'est aussi une contribution décisive à la problématique de la cohésion sociale : grâce à ces ressources garanties par la loi, le travailleur est maintenu dans le circuit des échanges sociaux, il ne décroche pas de la commune appartenance à la société, il demeure un « semblable ».

Une protection sociale limitée

Mais on voit aussi pourquoi, dans un premier temps, ces effets qui représentent un élargissement extraordinaire de la conception de la propriété sont restés très limités. La protection sociale est instituée pour des travailleurs dont le salaire est misérable et les « couvertures » qu'ils en tirent sont de ce fait très médiocres, les pensions versées étant proportionnelles au salaire. En fait, elles dépassent à peine les maigres secours dont bénéficient les indigents. On pourrait parler de « minima sociaux » avant la lettre, dont on peut douter qu'ils permettent de faire de leurs bénéficiaires, pour citer à nouveau Fouillé, des « citoyens vraiment libres et égaux aux autres ». C'est pourquoi, après les premières lois sociales qui se mettent en place à partir de la toute fin du XIXe siècle, la condition ouvrière ne s'est que très lentement améliorée. L'atroce misère de la condition prolétarienne qui plaçait les ouvriers des débuts de l'industrialisation et leurs familles en situation de quasi-exclusion de la société a sans doute été le plus souvent abolie. Mais l'ensemble du monde ouvrier vit encore pour longtemps sous le signe de la vulnérabilité. Il commence à avoir accès à des droits (droits du travail, protection sociale), mais ces acquis sont fragiles et la peur de la déchéance continue de hanter ceux qui, pour l'essentiel, vivent encore « au jour la journée » (*cf.* la crainte d'aller croupir et mourir à l'hospice dans la misère et le déshonneur, qui perdure encore très avant dans le XXe siècle).

De surcroît, l'intégration sociale n'a jamais constitué un idéal pour l'ensemble du monde ouvrier. Ses membres les plus dynamiques, organisés autour de syndicats et de partis révolutionnaires, combattent pour un modèle alternatif d'organisation sociale. À leurs yeux, la cohésion sociale n'est qu'un leurre qui dissimule les rapports réels d'exploitation du travail par le capital. Il faut changer de fond en comble la structure sociale elle-même et non se contenter de supprimer les caractères les plus criants de l'injustice par des réformes de surface qui donneraient l'illusion d'être dans une société unifiée. Cette posture est celle du syndicalisme révolutionnaire ou d'action directe, très puissant au tournant du XXe siècle, du Parti communiste, et elle s'exprime avec vigueur en 1936 lors du Front populaire.

La cohésion sociale dans la société salariale

L'accomplissement de la conception de la cohésion sociale portée par le programme social de la IIIe République s'est donc pleinement réalisé bien plus tard. Cet accomplissement a été rendu possible par une transformation profonde de la condition salariale. Il a fallu que le salariat cesse d'être essentiellement le salariat ouvrier, ce qu'il était jusqu'aux années 1930 où les ouvriers, ouvriers agricoles inclus, représentaient encore plus de 42 % des salariés. C'est ensuite l'irrésistible ascension des catégories d'employés, de professions intermédiaires, de cadres moyens et supérieurs qui place le salariat ouvrier dans une position subordonnée (aujourd'hui, les ouvriers représentent moins de 30 % de la population active, ils sont moins nombreux que les employés). Il est certes faux de prétendre que le monde ouvrier se soit dissous. Mais il faut constater qu'il n'occupe plus dans la structure sociale la position centrale qui était encore la sienne dans les années 1930.

Une cohésion sociale fondée sur la condition salariale

Parallèlement, les idéologies radicales portées par le mouvement ouvrier ont perdu progressivement leur pouvoir d'attraction. Au fur et à mesure que le salariat devient une condition solide à laquelle sont rattachés un salaire relativement confortable et des protections fortes, il apparaît qu'il peut être la matrice de base d'une intégration réelle dans la société moderne. Dès lors, le mot d'ordre de l'abolition du salariat par une rupture révolutionnaire perd progressivement de sa crédibilité. On peut être à la fois salarié et parfaitement intégré aux modes de vie dominants, participer à la consommation de masse et jouir de droits sociaux étendus. Davantage : la condition salariale, de repoussoir qu'elle représentait sous la forme du prolétariat au début du XIXe siècle, est devenue un modèle d'identification dans une société moderne dont la cohésion paraît reposer dans une large mesure sur la gestion équilibrée de la différenciation sociale dont la condition salariale est le pivot central.

En effet, le développement et la différenciation du salariat ont permis l'extension à la grande majorité de la population des protections et des droits qui avaient d'abord été attachés majoritairement à un salariat encore misérable et déconsidéré. Dépassant les réalisations encore médiocres de la IIIe République en matière de protection sociale, la société dans son ensemble a pu devenir, pour reprendre une expression de François Ewald, une « société assurantielle » : une société dans laquelle l'immense majorité de la population paraît assurée contre les principaux risques sociaux qui menacent de rompre l'équilibre social. Tout le monde ou presque peut disposer d'une sorte de coussin de sécurité, une sécurité sociale au sens fort du mot qui le garantit contre les aléas de l'existence.

Préserver la solidarité malgré la différenciation sociale

De plus, la structure même de la société salariale présente une association fortement articulée de différenciation sociale et de solidarité organique qui paraît relever le défi de la cohésion sociale dans une société moderne. Le monde du salariat est en effet fortement différencié, et il existe de très grandes disparités, non seulement en termes de revenus, mais aussi de prestige et de pouvoir, entre par exemple un ouvrier au Smic et un cadre supérieur. Cependant tous deux s'inscrivent dans un même ensemble en ce sens qu'ils partagent les mêmes droits sociaux, droit du travail et protection sociale. Ainsi, ils sont à la fois inégaux et semblables, dans la mesure où même ceux qui sont placés au bas de la hiérarchie salariale sont censés disposer de ce minimum de ressources et de droits nécessaires pour assurer leur indépendance et tenir une place reconnue dans la société.

Le « partage des bénéfices »

Il faut ajouter que cette hiérarchie n'est pas figée comme elle l'est dans les sociétés traditionnelles. En période de croissance en particulier, il se produit un surcroît de richesses susceptible d'améliorer la condition de tous. Ce « partage des bénéfices » fait l'objet de débats et d'affrontements. Il se joue sur le mode de ce que l'on peut appeler une « négociation conflictuelle » entre les « partenaires sociaux » qui représentent les intérêts des différents groupes. Ces affrontements peuvent donner lieu à de fortes tensions sous-tendues par des grèves et des mouvements sociaux (*cf.* les négociations de Grenelle en 1968) avant de donner lieu à un accord-compromis, qui peut d'ailleurs toujours être remis en question. Mais le mouvement est porté par un processus de développement global de la société qui autorise à penser que demain sera meilleur qu'aujourd'hui. Ainsi, ce que tel groupe n'a pas pu obtenir cette fois, il peut espérer l'acquérir bientôt. C'est la croyance au progrès social qui atténue la radicalité des antagonismes dans le présent en anticipant une amélioration de la situation dans le futur. De plus, l'État est présent dans ces négociations entre partenaires sociaux. Il ne s'agit pas d'un arbitre impartial puisqu'il exprime un rapport de forces politiques, mais il exerce un pouvoir de médiation pour désamorcer la radicalité de conflits qui remettraient en question la cohésion sociale.

La cohésion sociale comme synthèse de l'ordre et du progrès

Ainsi a-t-on assisté, pendant la période qui a suivi la Seconde Guerre mondiale, à une *gestion régulée de la différenciation sociale*. La conflictualité sociale est demeurée vive et l'on est bien loin des analyses qui décrivent l'avènement d'une grosse classe moyenne pacifiée. De même, si la situation de chaque catégorie sociale s'est substantiellement améliorée (par exemple, le taux moyen des salaires augmente d'environ 3 % par an pendant toute la période dite des Trente Glorieuses), les différences *entre* les catégories sont demeurées pratiquement inchangées (par exemple, le rapport entre le salaire moyen des ouvriers et celui des cadres reste en gros de 1 à 3 pendant cette période, c'est-à-dire à part quelques variations conjoncturelles, les cadres sont trois fois mieux payés que les ouvriers). Cependant, la société n'a pas explosé et les risques de subversion totale (espoir pour les uns, crainte lancinante pour les autres) se sont progressivement estompés. La « société salariale » qui s'est installée en France, et plus largement en Europe occidentale après la Seconde Guerre mondiale, a ainsi d'une certaine manière réalisé la synthèse de l'ordre et du progrès dont Auguste Comte avait fait au moment de la révolution industrielle l'idéal de la modernité. Elle y est parvenue dans une large mesure en développant des politiques sociales énergiques. Il faut rappeler à ceux qui aujourd'hui affirment l'incompatibilité de l'économique et du social que l'on a assisté au contraire au développement simultané de ces deux registres. La période de plus grand développement et de modernisation de la société française a aussi été celle de la progression des régimes de plus en plus étendus de protections et de droits sociaux. Il est très vraisemblable que sans cette contrepartie aux bouleversements économiques, la cohésion de la société aurait éclaté, à moins qu'un régime beaucoup plus autoritaire n'imposât de force de nouvelles régulations.

Les résistances sociales au marché « autorégulé »

Mais, si importante soit-elle, l'efficacité de ce type de régulations sociales pour maintenir la cohésion de la société n'a pas été exclusive. Karl Polanyi a exprimé avec vigueur le pouvoir destructeur sur toutes les formes de régulations sociales de ce qu'il appelle le « marché autorégulé », c'est-à-dire un marché qui n'obéirait qu'à ses propres lois ou à ses propres intérêts [4]. Le marché s'impose en réduisant toute chose, naturelle, humaine ou sociale, à sa valeur marchande et, pour lui, « le monde est une marchandise ». Cependant, Polanyi remarque aussi que ce marché n'a jamais pu s'imposer sous sa forme pure et ne le pourrait sans détruire la société. Son avènement à partir de la révolution industrielle a suscité des résistances dont, au premier chef, les politiques sociales que nous venons d'envisager. Mais certaines institutions ont aussi résisté à l'hégémonie du marché. Au premier rang d'entre elles, il faut sans doute placer la famille. On a déjà noté qu'en dépit de l'idéologie individualiste qui commence à s'imposer à partir du XVIIIe siècle et du rôle croissant des échanges économiques, la famille est restée largement dominée, du moins jusqu'aux années 1960, par des relations de

---

4. Karl Polanyi, *La Grande Transformation*, Gallimard, Paris, 1983.

type traditionnel : autorité paternelle, respect envers les parents, soumission des enfants aux disciplines, apprentissage de la bienséance et inculcation des valeurs sociales dominantes. Aussi la famille représentait-elle un puissant facteur de socialisation aux normes sociales, d'autant plus efficace qu'il s'exerce dès le jeune âge.

Les autres vecteurs d'intégration

On a aussi souligné le rôle socialisant de l'école dont l'influence s'est faite de plus en plus prépondérante. On pourrait dire que le programme de l'école moderne qui se met en place à la fin du XIXe siècle consistait à inculquer à l'ensemble des enfants les valeurs de la République qui sont le ciment de la cohésion nationale. L'entreprise elle-même était, en dépit des antagonismes qui la traversent, un espace de socialisation. Dans le capitalisme industriel qui se développe au long du XXe siècle, l'organisation dominante du travail se fait sous la forme de l'intégration à des collectifs, lieux où s'est forgée une solidarité ouvrière qui exerce également des effets en dehors de l'usine.

Les syndicats et les partis à prépondérance ouvrière comme le Parti communiste ont aussi une action socialisante à travers les organisations qu'ils contrôlent, comme les organisations de jeunesse ou certaines municipalités. Il en va de même pour les communautés de voisinage. On a souligné qu'elles avaient été fortement ébranlées par l'industrialisation et l'urbanisation. Mais elles n'ont pas été complètement abolies et ont même pu se reconstituer en partie. C'est ainsi que le *quartier ouvrier* a constitué un milieu foisonnant d'échanges et de solidarités concrètes qui a pu compenser en partie la dureté de la condition ouvrière, procurant à la fois des ressources matérielles dans les moments de dénuement et des supports affectifs qui accompagnent la vie quotidienne [5]. Même les « grands ensembles » à l'origine de ce que l'on appelle aujourd'hui le « problème des banlieues » ont été conçus dans un premier temps comme une solution progressiste à la crise du logement, inventant une manière nouvelle d'habiter la ville grâce à laquelle les problèmes de l'habitat devaient être résolus en permettant

5. Suzanna Magri et Christian Topalov, *Villes ouvrières, 1900-1950*, L'Harmattan, Paris, 1990.

l'épanouissement des individus dans ces espaces conçus sur un mode rationnel [6].

Il faudrait encore ajouter la nébuleuse du monde associatif, d'obédience laïque ou religieuse, qui a gardé sa vigueur et où se sont tissés des liens sociaux souvent forts entre des individus unis par de multiples intérêts. Ce que l'on peut appeler la société civile, par opposition au domaine des interventions étatiques, disposait donc encore de réserves de solidarités pour assurer la cohésion de groupes plus restreints. On peut avancer que le modèle de cohésion sociale relativement satisfaisant qu'a présenté la société salariale s'est appuyé sur la conjonction de dispositifs de protection mis en place par l'État et de protections rapprochées encore présentes dans la société civile.

La société salariale, synthèse de l'ordre et du progrès ?

Il faut se garder d'idéaliser le passé, même proche, comme on a tendance à le faire en qualifiant de Trente Glorieuses la période qui a suivi la Seconde Guerre mondiale jusqu'au début des années 1970. Les inégalités étaient restées fortes, les injustices vives, et même la pauvreté n'avait pas été complètement éradiquée. Il en subsistait des poches, ce que l'on appelle le « quart monde », constitué d'individus et de groupes marginaux porteurs de handicaps qui les avaient empêchés de s'intégrer au mouvement de la modernité. Mais on pouvait penser que cette pauvreté résiduelle, comme les inégalités les plus criantes, étaient en voie de résorption, emportée à terme par la dynamique du progrès social. C'est finalement sans doute cette manière de conduire le progrès qui rend le mieux compte du modèle de cohésion qu'a présenté la société salariale. La société moderne est mobile, elle est traversée par des processus de changement économique qui accroissent la richesse collective, mais créent de nouvelles inégalités et font craquer les formes anciennes d'intégration. Mais cette dynamique est contrôlée et encadrée par des régulations collectives qui continuent d'inscrire les individus dans des réseaux de solidarité. Dans la mesure où les formes anciennes de socialisation ne suffisent plus à assurer l'intégration, des prestations sociales et des droits sociaux viennent apporter, sous la garantie de l'État, des ressources et des protections nouvelles pour donner à chacun le maximum de

---

6. Christian Bachman et Nicole Le Guenne, *Violences urbaines, 1945-1992*, Albin Michel, Paris, 1996.

chances de jouer aussi à son profit le jeu que le changement lui impose. Si le progrès de la civilisation passe par le changement et que la stabilité de la société impose un certain recours à l'ordre, il semble bien y avoir là une synthèse de l'ordre et du progrès grâce à laquelle la société peut être à la fois mobile et intégrée. Manière moderne en somme pour les individus de continuer à « faire société » dans un monde social de plus en plus diversifié et changeant.

Le déclin des institutions ?

De même qu'il ne faut pas idéaliser le passé, gardons-nous de noircir le présent. De puissants systèmes de protection sont encore à l'œuvre dans notre société et une gamme étendue d'institutions continue de dispenser des services, de transmettre des connaissances, d'inculquer des valeurs à des enfants ou à des adultes afin qu'ils s'intègrent à la société. Pour prendre un seul exemple, la Sécurité sociale « couvre » encore aujourd'hui la grande majorité de la population française contre les risques sanitaires et la plupart des risques sociaux, et la couverture médicale généralisée vient même récemment d'étendre à toutes les personnes résidant légalement sur le territoire français l'assurance d'une prise en charge sanitaire complète.

L'effritement de la cohésion sociale

Il est donc tout à fait faux de parler d'un *effondrement* des dispositifs dont l'objectif est d'assurer la cohésion sociale. En revanche, on peut observer leur *effritement* sous l'effet d'une dynamique d'individualisation qui prend aujourd'hui des formes exacerbées. On a signalé que l'affirmation de la suprématie de l'individu avait caractérisé depuis ses origines la société moderne. Mais elle avait été encadrée, contenue, équilibrée par la consolidation de certaines institutions et une construction de nouvelles régulations collectives pour lesquelles les interventions de l'État social ont joué un rôle prépondérant. Aujourd'hui, tout se passe comme si ces dispositifs d'organisation collective craquaient sous les coups de boutoir d'un processus généralisé de *réindividualisation*.

Quand l'entreprise sape la cohésion sociale...

1. C'est dans le monde du travail, de l'entreprise et de l'organisation de la vie professionnelle que ses effets sont les plus sensibles. On observe une décollectivisation généralisée des formes d'organisation du travail et de structuration des carrières professionnelles qui se manifeste principalement à deux niveaux :

— sur le plan technique de la division du travail d'abord, s'impose ce que l'on traduit généralement par une exigence de *flexibilité* qui marque le passage de l'organisation tayloriste ou « fordiste » du travail à une organisation « postfordiste ». La production est de moins en moins réalisée au travers de longues chaînes d'opérations stéréotypées opérées par des collectifs de travailleurs interchangeables. L'individualisation des tâches à accomplir exige une responsabilisation de l'opérateur, une adaptabilité permanente, une capacité de se recycler pour faire face aux changements. Le travailleur acquiert ainsi une certaine marge d'indépendance. Mais il est en même temps surexposé. Il doit encore obéir aux exigences de productivité maximale, mais il ne peut plus compter sur les solidarités collectives qui ont constitué une part essentielle de la culture ouvrière. L'individualisation des tâches met en concurrence les travailleurs, y compris s'ils ont le même niveau de qualification. Se trouve ainsi brisée l'homogénéité des catégories professionnelles et chaque travailleur se retrouve souvent livré à lui-même, sommé de réussir, au risque d'être invalidé s'il échoue ;

— cette exigence de mobilité se traduit sur le plan des carrières professionnelles qui deviennent discontinues, au lieu d'être programmées d'une manière stable comme lorsque l'on entrait dans une entreprise à la sortie de la scolarité et qu'on y restait jusqu'à l'âge de la retraite. C'est maintenant souvent au travailleur lui-même que revient la responsabilité de gérer les aléas de ces parcours professionnels, de savoir opérer des reconversions, changer d'orientation — quitte là aussi à se tromper et à devoir en payer les conséquences en se retrouvant, selon l'expression actuellement consacrée, « inemployable ». Comme pour les nouvelles formes d'organisation du travail au sein des entreprises, ces trajectoires professionnelles à haut risque sont la conséquence du caractère profondément ambigu de cette dynamique d'individualisation qui domine actuellement le monde du travail : elle libère effectivement les individus de contraintes collectives qui pouvaient être très pesantes, comme celles de l'organisation taylorienne du travail, mais elle les laisse souvent isolés, démunis des protections qu'ils tiraient de leur appartenance à des groupes. Elle agit ainsi comme un puissant facteur de décohésion sociale.

La crise des institutions

2. Mais, plus généralement, les effets de ce double processus d'individualisation-décollectivisation traversent aujourd'hui les principaux secteurs de la vie sociale. On peut parler à ce propos d'une « désinstitutionnalisation », ou d'un « déclin des institutions », entendu à la suite de François Dubet comme une remise en question du travail de socialisation opéré par les principales institutions sociales qui inculquaient aux individus des normes générales de conduite [7]. C'était, comme on l'a déjà souligné, un des rôles joués par l'école, la famille, les groupes professionnels. Mais les partis politiques, les syndicats, les Églises avaient aussi cette fonction de faire intérioriser des règles de conduites collectives qui permettaient l'intégration des individus dans des groupes homogènes. Or on reproche aujourd'hui à toutes ces institutions leur fonctionnement bureaucratique, leur abstraction, qui les rendraient incapables de répondre aux attentes des individus et les empêcheraient de déployer toutes leurs potentialités. Ce que l'on appelle la « crise des institutions » tient au fait qu'on ne leur fait plus confiance pour construire la cohésion sociale en transmettant aux acteurs sociaux les habitudes et les savoir-faire nécessaires pour participer à l'existence collective. Il ne faut pas confondre ce constat avec celui d'une fin, ou d'une mort des institutions. L'école par exemple continue à transmettre des connaissances et des valeurs, et elle demeure, avec la famille, un moyen essentiel de socialisation. Mais elle a de plus en plus de mal à réaliser le programme d'assurer le passage de l'enfance à l'âge adulte en dotant les élèves de la panoplie des ressources requises pour se réaliser dans leur vie professionnelle et sociale. Ce n'est pas seulement l'autorité du maître qui ne va plus de soi. Ce qui fait problème, c'est surtout l'adéquation entre ce qu'il enseigne et ce qu'il faudrait acquérir pour maîtriser le rapport au futur métier et à un environnement de plus en plus complexe, dont les pressions débordent de toutes parts l'univers scolaire.

7. François Dubet, *Le Déclin de l'institution*, Seuil, Paris, 2002.

L'affaiblissement des États-nations

3. Finalement, c'est le rôle de l'État conçu comme la clef de voûte du maintien de la cohésion sociale qui est contesté. On reproche à ses interventions d'être à la fois trop coûteuses, trop envahissantes, inadaptées et inefficaces. En fait, l'État est menacé et perd beaucoup de ses prérogatives, parce que l'essentiel de son pouvoir se constituait et s'exerçait dans un cadre national. L'État moderne, c'est l'État-nation, c'est-à-dire l'instance centrale qui exprime la souveraineté de pays comme la France, l'Allemagne, la Grande-Bretagne, etc. Sur la base de leur indépendance économique, ces États, comme on l'a vu sur le cas de la France, avaient développé des politiques sociales pour maintenir des relations d'interdépendance entre leurs membres et en faire des cocitoyens. De plus en plus, les échanges, et en premier lieu les échanges économiques, ont pris un caractère transnational et obéissent à des dynamiques qui ne peuvent plus être contrôlées dans un cadre géographique aussi limité que la nation : concurrence à l'échelle de la planète, rôle prépondérant du capitalisme financier international, etc., c'est ce que l'on résume en parlant de « mondialisation ». Mais, si les frontières géographiques sont devenues poreuses, elles laissent aussi entrer des facteurs de dissociation sociale qui ne peuvent pas être complètement maîtrisés par l'État-nation. Par exemple, compte tenu de la concurrence internationale, les salaires nationaux devraient être compétitifs sur le marché mondial. Comment dès lors maintenir des protections sociales comme les régimes de retraite dont on sait qu'elles sont largement financées à partir de cotisations salariales qui sont accusées d'augmenter le prix du travail (pour les entreprises, il s'agit de « charges sociales ») ? Au nom des exigences du marché, qui est un marché mondialisé, on en vient ainsi à rogner sur les prestations sociales dont l'objectif est de maintenir des relations de solidarité entre les membres de la communauté nationale, avant peut-être de les abandonner. Ici aussi la tentation est de laisser à chaque individu le soin de s'assurer lui-même, mais on sait que certains pourront le faire, tandis que d'autres, laissés à eux-mêmes, viendront grossir le flot des exclus. À la limite, c'est le modèle d'une société duale, et non plus d'une société de semblables, qui se profile.

Cohésion sociale ou loi du marché : un choix de société

On doit s'interroger sur les réponses qui pourraient être apportées à cette situation. Pour schématiser le problème : s'agit-il de défendre les structures qui ont assuré la cohésion de la société salariale et de tenter de les restaurer dans la mesure où elles se dégradent, ou bien faut-il chercher des réponses alternatives afin d'instaurer l'intégration sur de nouvelles bases — et dans ce cas, lesquelles ?

De l'État social à l'État sécuritaire ?

1. On peut observer tout d'abord une tentation aujourd'hui très répandue allant dans le sens de la restauration de la loi et de l'ordre, et le renforcement des structures institutionnelles classiques. La popularité actuelle du souci sécuritaire va bien au-delà de la lutte contre la délinquance qui s'exprime de la manière la plus spectaculaire sur le terrain des banlieues (le « problème des banlieues » est d'ailleurs le cas limite qui cumule dans un même espace tous les facteurs de dissociation sociale actuellement présents dans notre société, le chômage de masse, l'habitat dégradé, l'absence de perspectives d'avenir pour de nombreux jeunes, le racisme, etc.). Mais un glissement plus général paraît s'opérer en ce moment d'un État social à un État sécuritaire, comme si la puissance publique se mobilisait essentiellement autour de l'exercice de l'autorité. Au-delà de la recherche d'une « tolérance zéro » en matière de délinquance, il s'agit aussi de combattre le laxisme à l'école (*cf.* par exemple la loi récente qui pénalise les agressions commises à l'égard des enseignants). Mais la délivrance de certaines prestations sociales elle-même est soumise à des critères d'autorité. C'est ainsi que des prestations familiales peuvent être supprimées à des familles qui n'exercent pas un contrôle suffisant sur leurs enfants, ou que la délivrance des allocations chômage peut être soumise à des exigences très strictes pour obliger les chômeurs à reprendre un emploi quel qu'il soit. Il n'est nullement exclu de voir se multiplier et s'étendre ce type de mesures qui paraissent portées à la fois par une volonté politique dominante et par un assez large consentement populaire. Il paraît en revanche impossible qu'elles puissent commander une restructuration d'ensemble des institutions et des régulations sociales instaurant la cohésion sociale sur le mode d'un pur retour à l'autorité et à l'ordre. L'imposition par en haut de contraintes est en effet peu

compatible avec ces processus d'individualisation et de désinstitutionnalisation dont on a souligné la force et qui traversent à peu près tous les secteurs de la vie sociale. On voit mal par exemple une autorité gouvernementale qui adopte les principes du libéralisme économique imposer aux entreprises des réglementations et des interdits qui les empêcheraient de jouer librement le jeu de la concurrence et de la compétitivité. Avec le développement des politiques sécuritaires et les tentatives de restauration de l'autorité, on risque d'aboutir ainsi à une coupure entre un autoritarisme s'exerçant dans les secteurs qui touchent au social, au juridique et au politique, et à un libéralisme dans les secteurs qui touchent à l'économie, contradiction qui serait ruineuse pour la cohésion sociale.

Agir à l'échelon local ?

2. Une autre réponse va dans le sens de l'investissement ou du réinvestissement d'espaces communautaires pour construire ou reconstruire la cohésion sociale sur une base territoriale. Ce type de réponse couvre une gamme étendue de situations. Il peut s'agir d'une décentralisation passant par une réforme profonde de l'État et des administrations, en redéployant à partir de communautés territoriales plus restreintes que la nation les ressources de la puissance publique. C'est un schéma général de recomposition des structures administratives qui va de pair avec les efforts déployés depuis la fin des années 1980 dans le cadre de la « politique de la ville » et des politiques d'insertion : sur les territoires particulièrement menacés de dissociation sociale, déployer un ensemble de ressources supplémentaires pouvant concerner l'éducation (les ZEP), le rapport à l'emploi (les missions locales pour l'emploi, les différents programmes territorialisés pour faciliter l'insertion professionnelle, l'insertion par l'économie, les régies de quartiers, etc.), les opérations de rénovation urbaine, les projets locaux de développement social, l'encouragement apporté aux « initiatives citoyennes », etc.

Ces différentes initiatives contribuent certainement à combattre les facteurs de dissociation sociale. Il est incontestable par exemple que ce que l'on appelle le « problème des banlieues » ou des « quartiers sensibles » serait encore plus grave qu'il ne l'est aujourd'hui si cet ensemble diversifié de mesures n'avait pas commencé à se mettre en place depuis une vingtaine d'années. Mais on peut aussi douter qu'elles soient à la mesure de la gravité des problèmes qui se posent. En effet, c'est bien souvent en amont du territoire local, avec le chômage de masse par exemple, ou l'absence d'une politique efficace de logement social ou de traitement de l'immigration, que se produisent les dysfonctionnements qui vont se répercuter au niveau local. De même, si une certaine décentralisation des formes de l'intervention publique est certainement souhaitable pour en accroître l'efficacité, on peut craindre qu'elle soit l'occasion, ou le prétexte, d'un renoncement de l'État à continuer à assumer sa fonction essentielle de garant de la cohésion d'ensemble de la société, dont on voit mal qu'elle puisse se passer du maintien d'une instance centrale dotée de pouvoirs étendus. De plus, le repli sur le local entretient les tentations du communautarisme, avec les risques d'enfermement qu'il porte (*cf.* le dossier sur le communautarisme).

Le tiers-secteur, une solution périphérique

3. On a vu que le travail et les protections attachées au travail avaient constitué la matrice principale de la cohésion sociale dans la société salariale, à tel point que l'on a pu qualifier le travail de « grand intégrateur » (Yves Barel). Si ce socle se fissure avec le chômage de masse, la précarisation des relations d'emploi, la fragilisation des trajectoires professionnelles, on peut être tenté de chercher à travers la création de nouveaux types d'activité des supports alternatifs pour s'intégrer à la société. De fait, on assiste depuis une vingtaine d'années à la mise en place de multiples initiatives du type création d'entreprises par des publics en situation précaire, entreprises d'insertion par l'économique, économie sociale, économie solidaire, tiers- ou quart-secteur, etc. Ces pratiques se développent dans les marges du marché. Elles s'appuient sur les ressources de la « société civile » pour promouvoir de nouveaux modes d'échanges qui ne se réduisent pas aux échanges marchands dominés par l'économie capitaliste.

Certaines de ces initiatives sont effectivement très prometteuses. De surcroît, leur utilité n'est pas contestable dans la mesure où elles servent de refuge à des publics qui n'arrivent pas à s'intégrer dans les rapports salariaux classiques. Cependant, il convient de souligner qu'elles se développent à la périphérie des grandes dynamiques d'échanges dominées par le marché, et elles n'ont aucun pouvoir de les contrôler. Elles ne peuvent donc pas se présenter, en tous les cas aujourd'hui, comme une alternative globale à la crise contemporaine de la cohésion sociale.

Une crise des protections sociales

4. Cette crise de la cohésion sociale est aussi une crise des protections sociales. Celles-ci reposaient dans une large mesure sur des systèmes généraux d'assurance couvrant la grande majorité de la population contre les principaux risques sociaux, et étaient principalement alimentées par des cotisations patronales et salariales issues du travail. Le chômage de masse et la précarisation des relations de travail ont miné cette assise. En deçà des problèmes de financement (le fameux « déficit de la Sécu »), on doit se demander si on n'assiste pas à un changement du régime des protections lui-même. Les bénéficiaires d'un emploi classique continuent à être « couverts » par des protections solides. Mais ceux qui sont plus ou moins éloignés du marché du travail se voient offrir des prestations et des aides ciblées en fonction de leur situation défavorisée. C'est ce que l'on appelle les « minima sociaux », qui sont actuellement en France au nombre de huit, le dernier en date étant le revenu minimum d'insertion. On voit ici à nouveau se profiler le sceptre d'une dualisation qui serait ruineuse pour la cohésion sociale : d'un côté, les populations bien protégées sur la base d'un travail stable et, de l'autre, tous ceux auxquels on octroie des secours parce qu'ils sont incapables de s'assurer eux-mêmes. Ou alors on peut être tenté de recentrer l'essentiel de la protection sociale autour du soutien accordé aux plus défavorisés.

Ici non plus, on ne saurait récuser sans cynisme les efforts pour ménager aux plus démunis, sur un mode redistributif, des ressources minimales pour assurer leur vie ou leur survie. Mais, à en faire l'axe majeur de la protection sociale, on s'exposerait à subvertir la conception même de la solidarité. Le sens fort de la solidarité envisagée dans la perspective du maintien de la cohésion sociale (la « solidarité organique » de Durkheim) est fait de l'ensemble des relations d'interdépendance entre les individus qui constituent ainsi un tout unifié (« société de semblables »). Ce que l'on appelle la solidarité spécialement exercée au bénéfice de catégories défavorisées (des chômeurs en fin de droit, des femmes isolées avec enfants, des veuves sans ressources, des indigents, etc.) consiste à leur octroyer des ressources qui les aident certes, mais en les maintenant dans une position subordonnée et souvent stigmatisée. À la limite, c'est entériner la structure d'une société duale au détriment de sa cohésion d'ensemble.

L'érosion des régulations de la société salariale

Face aux risques d'éclatement qui menacent aujourd'hui une « société d'individus » dont les régulations collectives sont ébranlées, on ne peut mépriser les différentes tentatives de réponses, même partielles et imparfaites, qui tendent à se mettre en place depuis la « crise » des années 1970. Mais aucune d'entre elles, ni aucune autre, ne peut s'instituer comme une solution globale. Il en est cependant une dernière, qui n'est d'ailleurs pas exclusive des précédentes, mais qui nous paraîtrait, si elle était réalisable, avoir la plus grande portée pour le maintien de la cohésion sociale dans le cadre d'une « société de semblables ». Contrairement à certains discours catastrophistes, les transformations considérables auxquelles nous assistons depuis un quart de siècle ne signifient pas l'effondrement des régulations de la société salariale, mais plutôt leur érosion. En d'autres termes, les formes de socialisation et les protections qui assuraient la cohésion sociale sont affaiblies, mais elles n'ont pas disparu. Il ne s'agit pas de les maintenir ou de les restaurer sous la forme qu'elles ont prise dans la période de développement de la société salariale. Ce serait faire l'impasse sur ces processus d'individualisation et de désinstitutionnalisation qui sous-tendent les transformations actuelles et imposent une mise en mobilité généralisée. Mais, précisément, le défi à relever est celui-là. D'une part prendre en compte cette exigence de mobilité dont on pourrait montrer qu'elle correspond à une mutation profonde du capitalisme actuel et, en même temps, maintenir ou réinventer des principes de cohésion, des dispositifs de solidarité qui surmontent les risques d'atomisation sociale. En somme, concilier la mobilité, avec l'individualisation qui lui est associée, et les risques de précarisation et à la limite d'exclusion qu'elle porte, et l'existence de supports collectifs qui inscrivent les individus dans des systèmes de protection et leur dispensent un minimum de sécurité.

Reconstruire la solidarité à l'échelle européenne

Ceci est évidemment plus facile à dire qu'à faire. Mais il existe cependant des propositions qui vont dans ce sens. C'est en particulier le cas du rapport rédigé pour la Communauté européenne par le juriste Alain Supiot [8]. Constatant qu'une part croissante

8. Alain Supiot, *Au-delà de l'emploi*, Flammarion, Paris, 1999.

des travailleurs ne peut plus être assurée sur la base d'un emploi stable qu'ils occupent toute leur vie, Alain Supiot propose d'attacher les droits sociaux à la personne du travailleur lui-même. Ainsi, celui-ci conserverait ses droits, non seulement lorsqu'il change d'emploi, mais pendant les périodes de cessation de travail ou d'alternance entre deux emplois, qu'il s'agisse de chômage ou de périodes de formation à des fins de recyclage. Ce serait sans doute la manière la plus adéquate de concilier la mobilité et la sécurité. La mobilité est et sera de plus en plus exigée par les nouvelles formes d'organisation du travail imposées par la concurrence exacerbée et par les changements technologiques. Mais elle serait compensée par des sécurités permanentes, qui seraient des droits nouveaux pour les travailleurs. C'est donc d'un redéploiement des droits attachés au travail qu'il s'agit pour les adapter aux nouvelles conjonctures marquées par la mobilité. Cette référence au droit est essentielle parce que le droit (qui implique la garantie de l'État) est l'instance de la collectivité, l'imposition de la référence au tout (le point de vue de la solidarité organique) face aux facteurs de dissociation, d'atomisation et à la limite d'exclusion, que porte l'individualisme exacerbé.

Certes, il s'agit là d'un chantier récemment ouvert et qui soulève bien des difficultés. Par exemple, comment seraient financées et distribuées ces prestations ? N'est-il pas paradoxal de maintenir la nécessité d'une référence forte à l'État, alors que le pouvoir de l'État-nation est érodé avec la construction européenne et la mondialisation des échanges ? Mais la nation n'est peut-être pas la seule base géographique sur laquelle peuvent se développer les régulations administratives et juridiques nécessaires pour maintenir la cohésion sociale. On a vu que, jusqu'à une date récente, l'État-nation a constitué le « bon niveau » pour imposer cette exigence de cohésion. Cependant, à l'heure de la construction européenne, il faut sans doute envisager un élargissement de notre conception de l'État, qui ne renoncerait pas pour autant à l'ambition de construire la solidarité entre tous ses membres, mais pour en faire des citoyens à part entière de l'Europe. Les propositions du Rapport Supiot s'inscrivent dans ce cadre européen.

Conclusion : faire de la cohésion sociale une valeur de référence

En dépit des difficultés et des incertitudes qu'elle soulève, le fait de privilégier cette dernière option, en continuité avec le point de vue qui a été soutenu tout au long de ce propos, suppose que l'on fasse de la cohésion sociale une valeur, et même la valeur de référence devant présider à l'organisation de la vie en société. On pourrait le contester et prétendre, comme le font aujourd'hui les orientations libérales ou néolibérales, que la libération complète du marché afin de maximiser la capacité de produire des richesses est l'impératif catégorique auquel une société moderne doit se plier, quelles qu'en puissent être les conséquences sociales. Cette position n'est pas réfutable seulement par des raisons, pas plus que n'est strictement démontrable la position que nous avons défendue ici. Elle repose sur un choix de valeur, ou de société. À savoir qu'il est meilleur et plus digne de vivre dans une société de semblables, une société solidaire ou intégrée, dont tous les membres sont unis par des relations de réciprocité, plutôt que dans une société menacée d'être clivée par les exigences impitoyables de la concurrence économique entre gagnants et perdants, nantis et malheureux, inclus et exclus. Si choix il y a, il est entre la volonté de vivre dans une société animée par le souci du bien commun, ou de se contenter de former un conglomérat d'individus qui n'auraient d'autre objectif que d'imposer, à leurs risques et périls d'ailleurs, leur intérêt privé.

Repères bibliographiques

BACHMAN C. et LE GUENNE N., *Violences urbaines, 1945-1992*, Albin Michel, Paris, 1996.

BOURGEOIS L., *Solidarité*, Armand Colin, Paris, 1896.

CASTEL R., *Les Métamorphoses de la question sociale*, Fayard, Paris, 1995 (rééd. Gallimard, « Folio », Paris, 1999).

COMBESSIE P., *Sociologie de la prison*, La Découverte, « Repères », Paris, 2004, nouv. éd.

DUBET F., *Le Déclin de l'institution*, Seuil, Paris, 2002.

DUGUIT L., *Le Droit social, le droit individuel et la transformation de l'État*, 1908.

FOUILLÉ A., *La Propriété sociale et la démocratie*, 1884.

MAGRI S. et TOPALOV C., *Villes ouvrières, 1900-1950*, L'Harmattan, Paris, 1990.

POLANYI K., *La Grande Transformation*, Gallimard, Paris, 1983.

SUPIOT A., *Au-delà de l'emploi*, Flammarion, Paris, 1999.

Table des matières

Collection

REPÈRES

dirigée par

JEAN-PAUL PIRIOU (de 1987 à 2004), *puis par* PASCAL COMBEMALE,

avec STÉPHANE BEAUD, ANDRÉ CARTAPANIS, BERNARD COLASSE, FRANÇOISE DREYFUS, YANNICK L'HORTY, PHILIPPE LORINO, DOMINIQUE MERLLIÉ, MICHEL RAINELLI et YVES WINKIN.

ÉCONOMIE

Aide publique au développement (L'), nº 476, Olivier Charnoz et Jean-Michel Severino.

Allocation universelle (L'), nº 412, Philippe Van Parijs et Yannick Vanderborght.

Balance des paiements (La), nº 359, Marc Raffinot et Baptiste Venet.

Bourse (La), nº 317, Daniel Goyeau et Amine Tarazi.

Budget de l'État (Le), nº 33, Maurice Baslé.

Calcul économique (Le), nº 89, Bernard Walliser.

Capitalisme financier (Le), nº 356, Laurent Batsch.

Capitalisme historique (Le), nº 29, Immanuel Wallerstein.

Chômage (Le), nº 22, Jacques Freyssinet.

Commerce international (Le), nº 65, Michel Rainelli.

Comptabilité nationale (La), nº 57, Jean-Paul Piriou.

Concurrence imparfaite (La), nº 146, Jean Gabszewicz.

Consommation des Français (La) :
1. nº 279 ;
2. nº 280, Nicolas Herpin et Daniel Verger.

Coût du travail et emploi, nº 241, Jérôme Gautié.

Croissance, emploi et développement. *Les grandes questions économiques et sociales I*, nº 488, J.-P. Deléage, J. Gautié, B. Gazier, D. Guellec, Y. L'Horty et J.-P. Piriou.

Croissance et richesse des nations, nº 419, Pascal Petit.

Démographie (La), nº 105, Jacques Vallin.

Déséquilibres financiers internationaux (Les), nº 491, Anton Brender et Florence Pisani.

Développement soutenable (Le), nº 425, Franck-Dominique Vivien.

Développement économique de l'Asie orientale (Le), nº 172, Éric Bouteiller et Michel Fouquin.

Différenciation des produits (La), nº 470, Jean Gabszewicz.

Dilemne du prisonnier (Le), nº 451, Nicolas Eber.

Économie bancaire, nº 268, Laurence Scialom.

Économie britannique depuis 1945 (L'), nº 111, Véronique Riches.

Économie de l'Afrique (L'), nº 117, Philippe Hugon.

Économie de l'éducation, nº 409, Marc Gurgand.

Économie de l'environnement (L'), nº 252, Pierre Bontems et Gilles Rotillon.

Économie de l'euro, nº 336, Agnès Benassy-Quéré et Benoît Cœuré.

Économie de l'innovation, nº 259, Dominique Guellec.

Économie de la Chine (L'), nº 378, Françoise Lemoine.

Économie de la connaissance (L'), nº 302, Dominique Foray.

Économie de la culture (L'), nº 192, Françoise Benhamou.

Économie de la distribution, nº 372, Marie-Laure Allain et Claire Chambolle.

Économie de la drogue, nº 213, Pierre Kopp.

Économie de la firme, nº 361, Bernard Baudry.

Économie de la propriété intellectuelle, nº 375, François Lévêque et Yann Ménière.

Économie de la qualité, nº 390, Bénédicte Coestier et Stéphan Marette.

Économie de la réglementation (L'), nº 238, François Lévêque.

Économie de la RFA (L'), nº 77, Magali Demotes-Mainard.

Économie de la Russie (L'), nº 436, François Benaroya.

Économie de l'Inde (L'), nº 443, Jean-Joseph Boillot.

Économie des changements climatiques, nº 414, Sylvie Faucheux et Haitham Joumni.

Économie des coûts de transaction, nº 407, Stéphane Saussier et Anne Yvrande-Billon.

Économie des États-Unis (L'), nº 341, Hélène Baudchon et Monique Fouet.

Économie des fusions et acquisitions, nº 362, Nathalie Coutinet et Dominique Sagot-Duvauroux.

Économie des inégalités (L'), nº 216, Thomas Piketty.

Économie des logiciels, nº 381, François Horn.

Économie des organisations (L'), nº 86, Claude Menard.

Économie des relations interentreprises (L'), nº 165, Bernard Baudry.

Économie des réseaux, nº 293, Nicolas Curien.

Économie des ressources humaines, nº 271, François Stankiewicz.

Économie des ressources naturelles, nº 406, Gilles Rotillon.

Économie du droit, nº 261, Thierry Kirat.

Économie du Japon (L'), nº 235, Évelyne Dourille-Feer.

Économie du risque pays, nº 421, Nicolas Meunier et Tania Sollogoub.

Économie du sport (L'), nº 309, Jean-François Bourg et Jean-Jacques Gouguet.

Économie et écologie, nº 158, Franck-Dominique Vivien.

Économie expérimentale (L'), nº 423, Nicolas Eber et Marc Willinger.

Économie française 2008 (L'), nº 498, OFCE.

Économie informelle dans le tiers monde, nº 155, Bruno Lautier.

Économie institutionnelle (L'), nº 472, Bernard Chavance.

Économie marxiste du capitalisme, nº 349, Gérard Duménil et Dominique Lévy.

Économie mondiale 2008 (L'), nº 499, CEPII.

Théorie de la régulation (La), n° 395, Robert Boyer.

Théorie économique néoclassique (La) :
1. Microéconomie, n° 275,
2. Macroéconomie, n° 276,
Bernard Guerrien.

Théories de la monnaie (Les), n° 226, Anne Lavigne et Jean-Paul Pollin.

Théories des crises économiques (Les), n° 56, Bernard Rosier et Pierre Dockès.

Théories du salaire (Les), n° 138, Bénédicte Reynaud.

Théories économiques du développement (Les), n° 108, Elsa Assidon.

Travail des enfants dans le monde (Le), n° 265, Bénédicte Manier.

Travail et emploi en Europe, n° 417, John Morley, Terry Ward et Andrew Watt.

Urbanisation du monde (L'), n° 447, Jacques Véron.

SOCIOLOGIE

Anthropologie des religions (L'), n° 496, Lionel Obadia.

Bouddhisme en Occident (Le), n° 478, Lionel Obadia.

Capital social (Le), n° 458, Sophie Ponthieux.

Catégories socioprofessionnelles (Les), n° 62, Alain Desrosières et Laurent Thévenot.

Classes sociales dans la mondialisation (Les), n° 503, Anne-Catherine Wagner.

Conditions de travail (Les), n° 301, Michel Gollac et Serge Volkoff.

Critique de l'organisation du travail, n° 270, Thomas Coutrot.

Culture matérielle (La), n° 431, Marie-Pierre Julien et Céline Rosselin.

Démocratisation de l'enseignement (La), n° 345, Pierre Merle.

Économie sociale (L'), n° 148, Claude Vienney.

Enseignement supérieur en France (L'), n° 429, Maria Vasconcellos.

Ergonomie (L'), n° 43, Françoise Darses et Maurice de Montmollin.

Étudiants (Les), n° 195, Olivier Galland et Marco Oberti.

Féminin, masculin, n° 389, Michèle Ferrand.

Formation professionnelle continue (La), n° 28, Claude Dubar.

Histoire de la sociologie :
1. Avant 1918, n° 109,
2. Depuis 1918, n° 110,
Charles-Henry Cuin et François Gresle.

Histoire du féminisme, n° 338, Michèle Riot-Sarcey.

Histoire du travail des femmes, n° 284, Françoise Battagliola.

Insécurité en France (L'), n° 353, Philippe Robert.

Intérim (L'), n° 475, Dominique Glaymann.

Introduction aux *Science Studies*, n° 449, Dominique Pestre.

Jeunes (Les), n° 27, Olivier Galland.

Jeunes et l'emploi (Les), n° 365, Florence Lefresne.

Méthode en sociologie (La), n° 194, Jean-Claude Combessie.

Méthodes de l'intervention psychosociologique (Les), n° 347, Gérard Mendel et Jean-Luc Prades.

Méthodes en sociologie (Les) : l'observation, n° 234, Henri Peretz.

Métiers de l'hôpital (Les), n° 218, Christian Chevandier.

Mobilité sociale (La), n° 99, Dominique Merllié et Jean Prévot.

Modernisation des entreprises (La), n° 152, Danièle Linhart.

Multiculturalisme (Le), n° 401, Milena Doytcheva.

Mutations de la société française (Les). *Les grandes questions économiques et sociales II*, n° 489, R. Castel, L. Chauvel, D. Merllié, É. Neveu et T. Piketty.

Notion de culture dans les sciences sociales (La), n° 205, Denys Cuche.

Nouveau système français de protection sociale (Le), n° 382, Jean-Claude Barbier et Bruno Théret.

Personnes âgées (Les), n° 224, Pascal Pochet.

Pouvoir des grands (Le). *De l'influence de la taille des hommes sur leur statut social*, n° 469, Nicolas Herpin.

Santé des Français (La), n° 330, Haut comité de la santé publique.

Sciences de l'éducation (Les), n° 129, Éric Plaisance et Gérard Vergnaud.

Société du risque (La), n° 321, Patrick Peretti Watel.

Sociologie de Anthony Giddens (La), n° 497, Jean Nizet.

Sociologie de Bordeaux, n° 492, Émile Victoire.

Sociologie de Durkheim (La), n° 154, Philippe Steiner.

Sociologie de Erving Goffman (La), n° 416, Jean Nizet et Natalie Rigaux.

Sociologie de Georg Simmel (La), n° 311, Frédéric Vandenberghe.

Sociologie de l'alimentation, n° 468, F. Régnier, A. Lhuissier et S. Gojard.

Sociologie de l'architecture, n° 314, Florent Champy.

Sociologie de l'argent (La), n° 473, Damien de Blic et Jeanne Lazarus.

Sociologie de l'art, n° 328, Nathalie Heinich.

Sociologie de l'éducation, n° 169, Marlaine Cacouault et Françoise Œuvrard.

Sociologie de l'emploi, n° 132, Margaret Maruani et Emmanuèle Reynaud.

Sociologie de l'immigration, n° 364, Andrea Rea et Maryse Tripier.

Sociologie de l'organisation sportive, n° 281, William Gasparini.

Sociologie de la bourgeoisie, n° 294, Michel Pinçon et Monique Pinçon-Charlot.

Sociologie de la consommation, n° 319, Nicolas Herpin.

Sociologie de la famille, n° 494, Jean-Hugues Déchaux.

Sociologie de la lecture, n° 376, Chantal Horellou-Lafarge et Monique Segré.

Sociologie de la négociation, n° 350, Reynald Bourque et Christian Thuderoz.

Sociologie de la prison, n° 318, Philippe Combessie.

Sociologie de Marx (La), n° 173, Jean-Pierre Durand.

Sociologie de Max Weber (La), n° 452, Catherine Colliot-Thélène.

Sociologie de Norbert Elias (La), n° 233, Nathalie Heinich.

Sociologie de Paris, n° 400, Michel Pinçon et Monique Pinçon-Charlot.

Sociologie des cadres, n° 290, Paul Bouffartigue et Charles Gadea.

Sociologie des changements sociaux (La), n° 440, Alexis Trémoulinas.

SCIENCES POLITIQUES-DROIT

HISTOIRE

Affaire Dreyfus (L'), n° 141, Vincent Duclert.

Archives (Les), n° 324, Sophie Cœuré et Vincent Duclert.

Catholiques en France depuis 1815 (Les), n° 219, Denis Pelletier.

Chronologie de la France au XXe siècle, n° 286, Catherine Fhima.

État et les cultes (L'). *1789-1905-2005*, n° 434, Jacqueline Lalouette.

Franc-maçonneries (Les), n° 397, Sébastien Galceran.

Front populaire (Le), n° 342, Frédéric Monier.

Guerre froide (La), n° 351, Stanislas Jeannesson.

Harkis (Les), n° 442, Tom Charbit.

Histoire de l'Algérie coloniale, 1830-1954, n° 102, Benjamin Stora.

Histoire de l'Algérie depuis l'indépendance, 1. 1962-1988, n° 316, Benjamin Stora.

Histoire de l'immigration, n° 327, Marie-Claude Blanc-Chaléard.

Histoire de l'URSS, n° 150, Sabine Dullin.

Histoire de la guerre d'Algérie, 1954-1962, n° 115, Benjamin Stora.

Histoire de la Turquie contemporaine, n° 387, Hamit Bozarslan.

Histoire des États-Unis depuis 1945 (L'), n° 104, Jacques Portes.

Histoire des sciences biomédicales, n° 465, Jean-Paul Gaudillière.

Histoire du Maroc depuis l'indépendance, n° 346, Pierre Vermeren.

Histoire du parti socialiste, n° 222, Jacques Kergoat.

Histoire du radicalisme, n° 139, Gérard Baal.

Histoire en France (L'), n° 84, Collectif.

Histoire politique de la IIIe République, n° 272, Gilles Candar.

Histoire politique de la IVe République, n° 299, Éric Duhamel.

Introduction à la socio-histoire, n° 437, Gérard Noiriel.

Introduction à l'histoire de la France au XXe siècle, n° 285, Christophe Prochasson.

Judaïsme (Le), n° 203, Régine Azria.

Pierre Mendès France, n° 157, Jean-Louis Rizzo.

Politique étrangère de la France depuis 1945 (La), n° 217, Frédéric Bozo.

Protestants en France depuis 1789 (Les), n° 273, Rémi Fabre.

Question nationale au XIXe siècle (La), n° 214, Patrick Cabanel.

Régime de Vichy (Le), n° 206, Marc Olivier Baruch.

Santé au travail (La), n° 438, S. Buzzi, J.-C. Devinck et P.-A. Rosental.

GESTION

Analyse financière de l'entreprise (L'), n° 153, Bernard Colasse.

Audit (L'), n° 383, Stéphanie Thiéry-Dubuisson.

Calcul des coûts dans les organisations (Le), n° 181, Pierre Mévellec.

Capital-risque (Le), n° 445, Emmanuelle Dubocage et Dorothée Rivaud-Danset.

Comptabilité anglo-saxonne (La), n° 201, Peter Walton.

Comptabilité en perspective (La), n° 119, Michel Capron.

Contrôle budgétaire (Le), n° 340, Nicolas Berland.

Contrôle de gestion (Le), n° 227, Alain Burlaud et Claude J. Simon.

Culture d'entreprise (La), n° 410, Éric Godelier.

Éthique dans les entreprises (L'), n° 263, Samuel Mercier.

Fondements de la comptabilité (Les), n° 485, Bernard Colasse.

Gestion des ressources humaines (La), n° 415, Anne Dietrich et Frédérique Pigeyre.

Gestion financière de l'entreprise (La), n° 183, Christian Pierrat.

Gestion prévisionnelle des ressources humaines (La), n° 446, Patrick Gilbert.

Gouvernance de l'entreprise (La), n° 358, Roland Perez.

Introduction à la comptabilité d'entreprise, n° 191, Michel Capron et Michèle Lacombe-Saboly.

Logistique (La), n° 474, Pascal Lièvre.

Management de la qualité (Le), n° 315, Michel Weill.

Management de projet (Le), n° 377, Gilles Garel.

Management international (Le), n° 237, Isabelle Huault.

Méthodologie de l'investissement dans l'entreprise, n° 123, Daniel Fixari.

Modèle japonais de gestion (Le), n° 121, Annick Bourguignon.

Normes comptables internationales (Les), n° 457, Chrystelle Richard.

Outils de la décision stratégique (Les) : 1 : Avant 1980, n° 162, **2 : Depuis 1980**, n° 163, José Allouche et Géraldine Schmidt.

Responsabilité sociale d'entreprise (La), n° 477, Michel Capron et Françoise Quairel-Lanoizelée.

Sociologie du conseil en management, n° 368, Michel Villette.

Stratégies des ressources humaines (Les), n° 137, Bernard Gazier.

Théorie de la décision (La), n° 120, Robert Kast.

Toyotisme (Le), n° 254, Koïchi Shimizu.

CULTURE-COMMUNICATION

Argumentation dans la communication (L'), n° 204, Philippe Breton.

Bibliothèques (Les), n° 247, Anne-Marie Bertrand.

Culture de masse en France (La) :
1. 1860-1930, n° 323, Dominique Kalifa.

Diversité culturelle et mondialisation, n° 411, Armand Mattelart.

Droit d'auteur et copyright, n° 486, Françoise Benhamou et Joëlle Farchy.

Économie de la presse, n° 283, Patrick Le Floch et Nathalie Sonnac.

Histoire sociale du cinéma français, n° 305, Yann Darré.

Histoire de la société de l'information, n° 312, Armand Mattelart.

Histoire des théories de l'argumentation, n° 292, Philippe Breton et Gilles Gauthier.

Histoire des théories de la communication, n° 174, Armand et Michèle Mattelart.

Histoire de la philosophie, n° 95, Christian Ruby.

Industrie des médias (L'), n° 439, Jean Gabszewicz et Nathalie Sonnac.

Industrie du disque (L'), n° 464, Nicolas Curien et François Moreau.

Introduction aux sciences de la communication, n° 245, Daniel Bougnoux.

Introduction aux *Cultural Studies*, n° 363, Armand Mattelart et Érik Neveu.

Marché de l'art contemporain (Le), n° 450, Nathalie Moureau et Dominique Sagot-Duvauroux.

Médias en France (Les), n° 374, Jean-Marie Charon.

Mondialisation de la culture (La), n° 260, Jean-Pierre Warnier.

Musée et muséologie, n° 433, Dominique Poulot.

Presse des jeunes (La), n° 334, Jean-Marie Charon.

Presse magazine (La), n° 264, Jean-Marie Charon.

Presse quotidienne (La), n° 188, Jean-Marie Charon.

Programmes audiovisuels (Les), n° 420, Benoît Danard et Remy Le Champion.

Psychanalyse (La), n° 168, Catherine Desprats-Péquignot.

Révolution numérique et industries culturelles, n° 408, Alain Le Diberder et Philippe Chantepie.

Sociologie du journalisme, n° 313, Erik Neveu.

Télévision (La), n° 405, Régine Chaniac et Jean-Pierre Jézéquel.

Tests d'intelligence (Les), n° 229, Michel Huteau et Jacques Lautrey.

Classiques

R E P È R E S

La formation du couple. *Textes essentiels pour la sociologie de la famille*, Michel Bozon et François Héran.

Invitation à la sociologie, Peter L. Berger.

Un sociologue à l'usine. *Textes essentiels pour la sociologie du travail*, Donald Roy.

Dictionnaires

R E P È R E S

Dictionnaire de gestion, Élie Cohen.

Dictionnaire d'analyse économique, *microéconomie, macroéconomie, théorie des jeux, etc.*, Bernard Guerrien.

Guides

R E P È R E S

L'art de la thèse. *Comment préparer et rédiger un mémoire de master, une thèse de doctorat ou tout autre travail universitaire à l'ère du Net*, Michel Beaud.

Comment se fait l'histoire. *Pratiques et enjeux*, François Cadiou, Clarisse Coulomb, Anne Lemonde et Yves Santamaria.

La comparaison dans les sciences sociales. *Pratiques et méthodes*, Cécile Vigour.

Les ficelles du métier. *Comment conduire sa recherche en sciences sociales*, Howard S. Becker.

Guide de l'enquête de terrain, Stéphane Beaud et Florence Weber.

Guide des méthodes de l'archéologie, Jean-Paul Demoule, François Giligny, Anne Lehoërff et Alain Schnapp.

Guide du stage en entreprise, Michel Villette.

Manuel de journalisme. *Écrire pour le journal*, Yves Agnès.

Voir, comprendre, analyser les images, Laurent Gervereau.

Manuels

R E P È R E S

Analyse macroéconomique 1.

Analyse macroéconomique 2.

17 auteurs sous la direction de Jean-Olivier Hairault.

Comprendre le monde. *Une introduction à l'analyse des systèmes-monde*, Immanuel Wallerstein.

Déchiffrer l'économie, Denis Clerc.

L'explosion de la communication. *Introduction aux théories et aux pratiques de la communication*, Philippe Breton et Serge Proulx.

Une histoire de la comptabilité nationale, André Vanoli.

Histoire de la psychologie en France. XIXe-XXe siècles, J. Carroy, A. Ohayon et R. Plas.

La mondialisation de l'économie. *Genèse et problèmes*, Jacques Adda.

Composition Facompo, Lisieux (Calvados)
Achevé d'imprimer sur les presses de l'imprimerie
Europe Media Duplication à Lassay-les-Châteaux (Mayenne)
Dépôt légal du 1er tirage : mai 2007
Suite du 1er tirage (2) : septembre 2007
N° de dossier : 17959

Imprimé en France